Der Dom von Köln

Cologne Cathedral

Martin Papirowski

Der Dom von Köln

Cologne Cathedral

Mit Vorworten von / With forewords from
Peter Pauls, Monika Piel & Barbara Schock-Werner

DUMONT KÖLN

Inhalt

Vorworte

Forewords 10

1.

Superlative

Monument of Superlatives 14

2.

Palast für drei Könige

A Palace for the Three Kings 26

3.

Zwischen Gotteslob und Grössenwahn

Praising God versus Megalomania 38

4.

Ein Fundament für die Ewigkeit

Foundations for Eternity 48

5.

Teuflische Verführung – das Ende eines Genies

Evil Temptation – The Death of a Genius 58

6.

Vom „Himmel auf Erden" zum Abrissobjekt

From 'Heaven on Earth' to Ruin 66

7.

Von einer Vision zur Realität: Preussen rettet den Dom

From Vision to Reality: The Prussians Save the Cathedral 72

8.

Die Sünden der Erbauer

The Evils of the Builders 82

Seite 2-3: Die Silhouette der Innenstadt wird dominiert vom Dom und von Groß St. Martin, der größten romanischen Kirche der Stadt. ◈ Pages 2-3: The silhouette of the town centre is dominated by Cologne Cathedral and by The Great St. Martin Church, the largest Romanesque church in the city.

Seite 4: Blick auf das neugotische Südportal. ◈ Page 4: A view of the Gothic Revival Southern entrance.

Nächste Doppelseite: Der Dom von Osten, im Vordergrund links das Museum Ludwig. ◈ Next spread: The eastern side of the cathedral, with the 'Museum Ludwig' in the foreground.

Die Westfassade mit den imposanten Türmen. ❖ The West facade with its imposing towers.

Dies ist der erste Band der neu geschaffenen Buchedition „DuMont-Köln“. Als Chefredakteur des „Kölner Stadt-Anzeigers“ freue ich mich, dass der DuMont-Buchverlag in loser Folge und in enger Zusammenarbeit mit Kölner Zeitungen Themen aufgreifen will, die typisch für unsere Heimatstadt, spannend und unverwechselbar sind.

Köln, das weiß jeder, der diese Stadt gut kennt, ist sicher nicht die schönste von Deutschlands Großstädten, aber eine der liebenswertesten, tolerantesten und kulturell vielschichtigsten. Und es gibt kaum eine andere Stadt in diesem Land, deren Einwohner stolzer und treuer zu den Eigenheiten ihres Alltags stehen!

Es ist natürlich kein Zufall, dass wir zum Auftakt unserer „DuMont-Köln“-Reihe ausgerechnet den Kölner Dom als Thema gewählt haben: Er ist zweifellos das alles überragende Wahrzeichen und der geradezu magische Mittelpunkt dieser Stadt.

Zu Recht ist der Kölner Dom eines der meistbesuchten Monumente Europas, das auf Grund seiner Erscheinung und Schönheit seit Jahrhunderten Millionen Menschen in seinen Bann zieht. Neben seiner kulturellen Bedeutung ist dieser Dom auch ein bedeutsamer Wirtschaftsfaktor für unsere Region. Nach ihm sind Theater, Brauereien, Hotels, Restaurants, Buchhandlungen, Schiffe, Museen und vieles mehr benannt.

Für uns als Verlag war es ein großes Glück, dass der WDR in diesen Tagen einen ebenso interessanten wie packenden Film über die Geschichte des Kölner Doms fertiggestellt hat. Er ist diesem Buch als DVD beigelegt. Als Autor des Buches sowie als Regisseur des Films zeichnet der renommierte Historiker Martin Papirowski verantwortlich.

PETER PAULS
Chefredakteur des Kölner Stadt-Anzeigers

This is the first title in the newly created book series ‘DuMont-Köln’. As chief editor of the Cologne newspaper ‘Kölner Stadt-Anzeiger’, I am pleased that the DuMont publishing company will continue to work in close partnership with Cologne newspapers on exciting themes which are typical of, or unique to, Cologne.

Anyone who knows Cologne will also be aware that it is certainly not the most beautiful of Germany’s major cities, but is nevertheless one of the most likable, tolerant and culturally varied in the country. And there is hardly any other town in Germany whose inhabitants are as loyal and proud of the idiosyncracies of everyday life in their city as Cologne’s.

It is of course no accident that we have chosen the Cologne Cathedral as a fitting theme to begin our ‘DuMont-Köln’ series: it is, without a doubt, an outstanding emblem and a magical centrepiece of the city.

With good reason, Cologne Cathedral is one of the most visited monuments in the whole of Europe: for centuries, millions of people have been charmed by its beauty. Alongside its cultural significance, the cathedral is also economically important for our region. Theatres, breweries, hotels, restaurants, bookshops, ships, museums and much more have been named after Cologne Cathedral.

For us as a publishing company, it is a lucky coincidence that WDR have recently completed an interesting and equally absorbing film about the history of Cologne Cathedral. The DVD of the film is attached to this book. As author of the book, and director of the film, Martin Papirowski, renowned historian, is responsible for this work.

PETER PAULS
Editor-in-Chief of the Kölner Stadt-Anzeiger

Liebe Leserinnen und Leser, liebe Dom-Freunde,

bedeutendstes historisches Bauwerk Deutschlands, drittgrößtes Kirchengebäude der Welt, Inbegriff einer gotischen Kathedrale: Der Kölner Dom ist vieles – und außerdem ein großes Medienereignis. Der Westdeutsche Rundfunk würdigt das außergewöhnliche Bauwerk nun erneut durch eine außergewöhnliche Dokumentation. „Der Dom von Köln" nähert sich dem Weltkulturerbe auf eine zeitgemäße, innovative Art und Weise. Um den zahlreichen Geheimnissen der Kathedrale auf die Spur zu kommen und Türen zur Vergangenheit zu öffnen, setzt die Produktion auf modernste filmische Technik. So wurde der Kölner Dom beispielsweise vollständig im Computer nachgebaut. Animationen und virtuelle Kameraflüge vermitteln dem Betrachter Ansichten, die in der Realität niemals möglich wären.

Anlässlich der 750-Jahr-Feier vor 13 Jahren realisierte Martin Papirowski schon einmal einen WDR-Film zum Kölner Dom. Er drehte auch damals unglaubliche Bilder, indem er einen Zeppelin mit eingebauter Kamera ferngesteuert durch das Kirchenschiff fliegen ließ. Heute ist die Technik weiter vorangeschritten und lässt völlig neue Perspektiven und Möglichkeiten zu. „Der Dom von Köln" ist im Format 16:9 und in HD-Kinoqualität gedreht. Denn eine Kathedrale solchen Stellenwerts und solcher Ausmaße fordert eine Kameraführung und Bildsprache, die eher cineastisch als dokumentarisch ist. Verfahren wie die Zeitraffer-Technologie, Werkzeuge wie Kamerakräne und Seilsysteme erlauben spezielle Einblicke aus höchsten Perspektiven. Schnell, zeitgemäß, ausgefeilt und vielschichtig – das ist „Der Dom von Köln". Ein gewaltiges Dokument zu einem einzigartigen Bauwerk, eine Liebeserklärung an den Dom – und nicht zuletzt ein Stück öffentlich-rechtliches WDR-Fernsehen.

Ich wünsche Ihnen, liebe Leserinnen und Leser, viel Freude bei der Lektüre dieses Begleitbuches zum WDR-Film „Der Dom von Köln".

Herzlichst, Ihre

Monika Piel
Intendantin des WDR

Dear Readers and Friends of the Cathedral,

Cologne Cathedral is many things: the most important historical building in Germany; the third largest church in the world; the epitome of gothic cathedrals. Moreover, it is a big media magnet. The Westdeutsche Rundfunk paid tribute to this remarkable building by creating a new documentary film in its honour. The documentary 'Der Dom von Köln' represents the World Heritage Site in a contemporary, innovative way. In order to trace the many mysteries of the cathedral and open doors into the past, the film uses the most modern film techniques. The cathedral, for example, is completely re-built in a computer simulation. Animation and virtual camera panning shots provide the audience with views which would never be possible in reality.

Thirteen years ago, during the cathedral's 750th anniversary celebrations, Martin Papriowski made a WDR film about Cologne Cathedral. In that documentary he also filmed some fantastic images of the cathedral by flying a camera attached to a mini-zeppelin through the nave. Today, technology has progessed further and allows totally new perspectives and possibilities. 'Der Dom von Köln' uses 16:9 aspect ratio and was filmed in HD cinema quality. Because the cathedral has such huge dimensions, the images and camera work resemble cinematography more than traditional documentary production. The use of time-lapse technology, camera cranes and a system of ropes enables specific insights from the highest of perspectives. Fast, contemporary, sophisticated and complex: these words epitomise the 'Der Dom von Köln' documentary. It is a creative film to compliment a unique building; a declaration of love to the cathedral; and lastly, a piece of public-sector WDR broadcasting.

I hope you will enjoy reading this accompanying book to the WDR documentary, 'Der Dom in Köln'.

Monika Piel
Director-General of the WDR

Der Kölner Dom Sankt Peter

Täglich kommen Besucher aus aller Welt in den Kölner Dom. Sie wollen das berühmte Bauwerk kennenlernen. Unzähligen Menschen fällt, wenn sie den Namen der Stadt Köln hören, nur der Dom ein. Das ist ungerecht, aber es ist nun einmal so. Die Kathedrale steht für die Stadt. Aber nicht nur Fremde besuchen den Dom, auch Kölner und Rheinländer gehen regelmäßig hinein. „Immer wenn ich in die Stadt fahre, gehe ich zuerst in den Dom" – das ist etwas, was wir hier sehr häufig zu hören bekommen. Das gilt für Migranten und hier Geborene, unabhängig von ihrer Religion. Aber natürlich hat der Dom auch und vor allem für katholische Christen eine herausragende Bedeutung. Noch immer ist die dem Heiligen Petrus geweihte Kathedrale die Mittelpunktskirche der Erzdiözese Köln und die Amtskirche des Kölner Erzbischofs - und damit ein wichtiges liturgisches Zentrum. Dieses Zentrum ist lebendig: Jeden Tag werden fünf Messen gefeiert und zu den Gottesdiensten an Sonn- und Feiertagen versammeln sich tausende Menschen.

Nach allem, was wir wissen, war dieser Ort Versammlungsstätte der Christen seit es sie in Köln gab, also spätestens seit dem vierten Jahrhundert. Das Erzbistum kann 2013 sein 1.700-jähriges Bestehen feiern. Die erste Kirche war sicher viel bescheidener, doch dann lösten sich immer größer werdende Bauten an diesem Ort ab. Nachdem die Reliquien der Heiligen Drei Könige in die Stadt gebracht wurden, errichtete man ab 1248 einen großen gotischen Bau. Seine Vollendung zog sich über 630 Jahre hin, doch da man nie vom ursprünglichen Bauplan abwich, zeigt er

Cologne Cathedral of St. Peter

People from all over the world visit Cologne Cathedral every day. They want to see this famous building for themselves. For many, the cathedral is the only thing that comes to mind when they hear the mention of Cologne. This is unfair, but that is just the way it is. The cathedral represents the town. But foreigners are not the only ones to visit this church: people from the Rhineland, people who live in Cologne and the surrounding area, go regularly to the cathedral. 'Every time I go to the city, I go to the cathedral first of all' is something we hear very often here. This is true of tourists and locals, regardless of their religious backgrounds. But of course, the cathedral is significant primarily for those of the Catholic faith. The Cathedral of St. Peter is still, as always, the main church in the archdiocese of Cologne and the official church of Cologne's Archbishop; this makes it an important centre for the liturgy. And it is a lively centre: five masses are celebrated daily and services on Sundays and religious holidays are attended by thousands of people.

After all, we know that this location has been a meeting place for Christians since early followers introduced the religion to Cologne, at the very latest, in the 4th century. In 2013, the archdiocese can celebrate 1,700 years of existence. The first church here was certainly much more modest, but since then it has been superceded by ever larger structures. After the relics of the Three Kings were brought to the city, the construction of one of the largest Gothic buildings in the world began in 1248. It took 630 years to finish the cathedral, but as the design never deviated from the original

noch heute die Idee einer mittelalterlichen Kathedrale in höchster Vollendung.

Da der Dom niemals vollständig geplündert und auch nicht entscheidend zerstört worden ist, ist er weitaus mehr als ein altes Gebäude, er ist wirklich eine Kirche mit Altären, Bildern, Skulpturen und Glasfenstern, die seine religiöse Funktion sichtbar machen. Zu allen Zeiten arbeiteten die besten Künstler für den Dom, von Nikolaus von Verdun, der um 1200 den Dreikönigenschrein geschaffen hatte, bis zu Gerhard Richter, nach dessen Entwurf 2007 das Südquerhausfenster fertig gestellt wurde.

Jeden, der das Gotteshaus betritt, nimmt als erstes der Raum gefangen. Obwohl wir uns heute, im Gegensatz zu den mittelalterlichen Menschen, in Großräumen – Bahnhöfen, Konzerthäusern – ganz selbstverständlich bewegen, lässt dieser ungewöhnliche Raum die Menschen ehrfürchtig staunen. Er zeigt, zu welcher Leistung Menschen zu allen Zeiten in der Lage waren, wenn ihnen etwas wirklich wichtig war. Nimmt man sich Zeit und macht nicht nur einen Fünf-Minuten-Besuch, setzt man sich hin und lässt den Raum auf sich wirken, dann merkt man, dass der Dom den eigenen Rhythmus verändert, den Alltag unwichtiger werden lässt. Viele Menschen schätzen auch diese Eigenschaft des Doms, sie sprechen ein Gebet, zünden eine Kerze an. Aber ganz egal, aus welchen Gründen die Besucher kommen, keiner verlässt diesen Dom unbeeindruckt. Jeder nimmt etwas mit und vielleicht hilft dieses Buch, daran zu erinnern.

Köln, 2011
Barbara Schock-Werner
Dombaumeisterin

drawings, the church still exemplifies the idea of a medieval cathedral in its completed form.

Because Cologne Cathedral was never completely ransacked or destroyed, it is more than just an old building; it has altars, altarpieces, sculptures and stained glass windows which all contribute towards its true function as a place of worship. The best artists have worked on the cathedral at all times: from Nikolaus von Verdun who created the Shrine of the Three Kings around 1200, to Gerhard Richter who completed the window in the southern transept in 2007.

Everybody who enters the cathedral is captivated by its sheer size. Although nowadays, unlike medieval people, we are familiar with large spaces like train stations and concert halls, the cathedral's interior is something completely different: it thrills and moves its visitors.. The cathedral is a testament to what people are capable of achieving when something really matters to them. Make time for more than just a five minute visit: sit down; take in the space; notice, like virtually everyone else, that the cathedral has its own rhythm which renders everyday life unimportant. Many visitors take advantage of this opportunity to say a prayer or light a candle. But the reasons why people visit are completely immaterial. No one leaves feeling unmoved by Cologne cathedral: everyone takes something away with them and perhaps this book will help remind you of this experience.

Cologne, 2011
Barbara Schock-Werner
Dombaumeisterin

1.

Superlative

Monument of Superlatives

Wahrzeichen am Rhein: Weltkulturerbe und eine der bekanntesten Sehenswürdigkeiten der Welt – Der Kölner Dom. ◈ A landmark on the Rhine: World Heritage Site and one of the best known tourist attractions in the world – Cologne Cathedral.
Rechts: Gotik ist die Architektur des Lichts. ◈ Right: Gothic architecture is the architecture of light.

Täglich besichtigen 20.000 Menschen den Dom, das sind mehr als sechs Millionen Besucher im Jahr. Damit ist die Hohe Domkirche zu Köln – so der offizielle Name – das bestbesuchte historische Monument Deutschlands und eine der am meisten fotografierten Sehenswürdigkeiten unseres Planeten. Die Touristen, die aus allen Teilen der Welt kommen um den Dom zu fotografieren, haben in der Regel mit dem gleichen Problem zu kämpfen: die schein-

Every day 20,000 people visit the cathedral. This means it attracts six million visitors per year. Therefore, the 'High Cathedral of Cologne', to use its official name, is the most visited historic monument in Germany and one of the most photographed tourist attractions on our planet. Most of the tourists, travelling from all over the world to picture the cathedral, are confronted with the same problem: the virtual impossibility of capturing this entire 'mountain of

20.000 Besucher täglich: Mehr als sechs Millionen Menschen besuchen jedes Jahr den Dom – zum Beten…und Staunen! ◈ 20, 000 people visit the cathedral daily: more than 6 million visitors every year come to pray and marvel at this wondrous church.

bare Unmöglichkeit, dieses „Gebirge aus Stein" in einem Stück auf den Sensor ihrer Digitalkameras zu bannen. Es sind Tausende, die täglich mit der Kompaktkamera in der Hand, die Optik himmelwärts, Schritt für Schritt zurückweichen, daran verzweifeln, dass sie sich entweder für das Portal oder für die Turmspitze entscheiden müssen – am Ende ist die Domplatte zu kurz oder die Brennweite der Kameraoptik zu lang. Kölns Kathedrale ist eine Sinfonie der Superlativen: 1880 – bei seiner Fertigstellung – war der Dom das höchste Gebäude der Welt. Heute ist der Südturm mit seinen 157,22 m nach dem Ulmer Münster mit 161,33 m und der Basilika Notre-Dame de la Paix in der Elfenbeinküste mit 158 m Höhe der dritthöchste Kirchturm. Er beherbergt die St. Petersglocke, mit 24 t ist sie die größte freischwingende Glocke weltweit. Die Zarenglocke in Moskau ist mit 200 t zwar um ein Mehrfaches schwerer, wurde aber niemals geläutet. Auch das „tiefe C" des „dicken Pitters" – wie sie die Kölner liebevoll nennen, erklingt höchst selten: Zu hohen Kirchenfesten und beim Tod eines Bischofs oder Papstes. Weltrekord für alle Kirchenbauwerke ist auch die Fassade des Domes, mit 7.1000 m² ist sie fast so groß wie ein Fußballfeld.

stone' in one frame on their cameras. Every day thousands stand, camera in hand, lenses pointed skywards, taking step after step backwards. Eventually, in despair, they decide they must choose between photographing the gantry or the spires: invariably the cathedral square turns out to be too small, or the focal distance of the camera too long. Cologne's cathedral is a symphony of superlatives: at the time of its completion in 1880, it was the tallest building in the world. Today, its 157.22 m high south tower is the third largest church tower in the world, after those of Ulm Minster (161.33 m) and the Basilica of Our lady of Peace of Yamoussoukro, Ivory Coast (158 m). The cathedral houses the Bell of St. Peter which, at 24 tonnes, is the heaviest free-swinging bell in the world. The Tsar Bell in Moscow is much heavier at 200 tonnes, but has never been rung. The 'low C' or 'fat Pete', as the Cologne inhabitants lovingly call the Bell, is seldom rung; only on important church celebrations or the death of a Bishop or Pope. The 7100 m² cathedral facade - almost as large as a football field - also sets a record over all other church buildings. The title for the 'structure with the longest construction time' is held unchallengeably by the Great Wall of China, as it took 2,500

Ein kollektives „es-nicht-fassen-können" – Der Dom zieht fast jeden in seinen Bann. ◈ The cathedral enchants and awes almost all who see it.

Den Titel für das „Bauwerk mit der längsten Bauzeit" hält unerreicht die Chinesische Mauer, für ihre Fertigstellung benötigte man zweieinhalb Jahrtausende. Den kontinentalen Rekord jedoch hält Kölns Dom: 632 Jahre. Gebaut wurde natürlich nicht kontinuierlich sondern mit Unterbrechungen, die Jahrhunderte dauerten.

Doch selbst die Monumentalität seiner äußeren Erscheinung tritt zurück hinter dem überwältigenden Eindruck seines gewaltigen Innenraums. Fast jeder Besucher, ob nun frommer Pilger, Kulturreisender oder Tourist, zeigt beim Betreten diese allererste Reaktion, es ist wie ein kollektives „es nicht Fassen können". Die Statistik lehrt, dass den meisten Touristen die Pyramiden in Realität stets kleiner erscheinen als erwartet, beim Kölner Dom ist es genau umgekehrt.

Sein Mittelschiff misst vom Boden bis zur Decke mehr als 43 m, das entspricht annähernd der Höhe eines 15-stöckigen Hochhauses, eine Distanz, die der Mensch nicht in einem Blickwinkel erfassen kann, die ihn zwingt den Kopf gegen das Deckengewölbe zu richten, wie zum Gebet. Natürlich ist das kein zufälliger Effekt, sondern durchaus beabsichtigt.

years to complete. However, Cologne Cathedral holds the European record: it took 632 years to complete. Naturally its construction was not continuous: there were interruptions, some lasting hundreds of years.

Yet even the monumentality of the building's exterior pales in comparison to the overwhelming enormity of its interior. Upon entering, the first reaction of almost every visitor, be they pilgrim or tourist, is of awe: they can't believe their eyes. Statistics have shown that most tourists who visit the pyramids find them smaller than they expected. In Cologne Cathedral it is the reverse.

In the nave of the church, there is a 43 m gap between floor and ceiling: this is the equivalent height of a 15 storey building. It is a distance that cannot be grasped in one glance. One's eyes are drawn towards the vaulted ceiling in an attitude of prayer. This is no accidental effect: it is definitely intentional. We are awestruck, even though we are accustomed to overstimulation and gargantuan architecture; we can only imagine how the cathedral would have affected people in the Middle Ages. This is clearly a hypothetical musing, as the cathedral was completed in 1880, meaning that in the Middle Ages the structure was incom-

Eine Symphonie aus farbigem Licht – Der Dom an einem Sommernachmittag. ◈ A symphony of colourful light – the cathedral on a summer's afternoon. Links: Höher als ein fünfzehnstöckiges Hochhaus: Eine Dimension, die kein Mensch mit einem Blick erfassen kann. ◈ Left: Higher than a fifteen storey building – dimensions which no one can appreciate at a glance.

Wenn sie schon uns, die wir Reizüberflutung und architektonische Gigantomanie gewohnt sind, so sehr beeindruckt, wie muss diese Kathedrale auf den Menschen des Mittelalters gewirkt haben? Eine hypothetische Frage sicherlich, denn fertiggestellt wurde der Dom erst 1880, im Mittelalter war er stets nur ein unvollendeter Torso, doch erdacht, als Bauwerk begonnen, wurde er bereits im 13. Jahrhundert. Damals hatten nur die Häuser und Paläste der Wohlhabenden und Mächtigen Fenster, lebten die meisten Menschen auf engem Raum, im Halbdunkel ihrer Hütten ohne Schmuck und natürlichem Licht. In

plete. However, the design was conceived and construction began as early as the 13th century. During the Middle Ages, only houses and palaces owned by the rich and powerful had windows. Ordinary people lived in cramped, dark hovels with no decoration or natural light. Their surroundings were characterised by earthy colours; paintings were a luxury of the elite.

How would this cavalcade of light, colour and form which streams in from 10,000 m^2 of stained-glass windows have appeared to medieval people? The light fractures into thousands of dancing shades, almost dazzling

Monument der Ewigkeit: Mit mehr als 7.000 m² ist die Westfassade des Domes die größte aller Kirchenbauten der Welt. ◈ A monument for eternity – the West facade is more than 7,000 m², making Cologne Cathedral one of the largest churches in the world.

ihrer Wohnumgebung dominierten Erdfarben, Gemälde waren ebenso wie farbige Stoffe ein Privileg der Elite.

Wie muss dieses Konzert aus Licht, Farben und Formen auf diese Menschen gewirkt haben? 10.000 m² farbige Fensterfläche. Licht, das sich in allen Spektralfarben bricht, das wandert, das lebt, an Sonnentagen sogar blendet. Der Innenraum des Kölner Domes muss ihnen fast wie ein Stück vom Himmel erschienen sein.

Viele nennen den Kölner Dom die gotischste aller gotischen Kathedralen: Architektonisch ist er in der Tat ein Musterbeispiel für die Hochgotik. Doch wie kaum ein anderes gotisches Bauwerk verkörpert diese Kathedrale die

when the sun shines. The interior of the cathedral would have seemed like heaven.

Many say Cologne Cathedral is the most Gothic of all Gothic cathedrals, and it is indeed an exemplary piece of architecture from the High Gothic period. Moreover, it embodies the spiritual ideology of the Gothic era like no other building from this period. It provokes a feeling of inner harmoniousness and makes the visitor feel as though, by entering the building, they are being transported into a different world.

✣ ✣ ✣

spirituelle Idee der Gotik. Der Effekt entfaltet sich perfekt im Innern: dieses Gefühl, gleichsam entrückt zu sein, als würde man beim Betreten des Bauwerks in eine andere Sphäre versetzt.

✣ ✣ ✣

Der Geist der Gotik

Die Gotik entsteht in Frankreich in einer Epoche des Aufbruchs, in einer goldenen Ära, wie man diese Zeit später genannt hat. Keine Kriege, keine großen Epidemien, es ist ein Zeitalter politischer Stabilität, selbst die Sonne scheint länger und häufiger – eine klimatische Wärmephase: Es ist so mild und warm, dass in den südlichen Regionen Frankreichs mehrere Ernten pro Jahr eingefahren werden können. Es blüht das Handwerk, der Handel, die Straßen sind sicher, es findet ein reger Kulturaustausch zwischen dem

The Spirit of Gothic

The Gothic style emerged in France during a period of development, a 'Golden Age', as it has since been called. There were no wars, no major epidemics, there was political stability and the sun shone longer and more often: it was a phase of mild climate. It was so mild that every year more crops could be harvested. Trade and commerce flourished, the streets were safe, and a dynamic cultural exchange took place between Western Europe and the Islamic Middle-East. An interest in antiquity gained momentum in Europe, while seemingly forgotten precepts of science and mathematics were rediscovered. This provided the basis for architectural transformation.

Architects combined existing forms and techniques with innovation: thus the Gothic style was born. It includes an engineering technique which requires no supporting walls, therefore creating space for towering arches and

Das Geheimnis der Gotik: Eine selbsttragende Konstruktion aus Pfeilern und Bögen, die Mauern als tragendes Element überflüssig macht – die architektonische Idee gotischer Baumeister. ◆ The revolutionary idea of Gothic architects: a self-supporting structure made out of pillars and arches, meaning the walls are not load-bearing.

westlichen Europa und dem muslimischen Mittleren Osten statt. Das uralte Wissen der Antike gelangt zurück nach Europa, verschollene Kenntnisse der Naturwissenschaften und der Mathematik werden im Westen wiederentdeckt. Dies ist die Basis für Fortschritt, auch oder gerade in der Architektur.

Baumeister kombinieren bereits bekannte Formen und Techniken zu etwas ganz Neuem: der Gotik. Heute würde man von einer „selbsttragenden Statik" sprechen. Es ist eine Konstruktionsweise, die auf stützende Wände verzichten kann, die Platz schafft für riesige Fenster und turmhohe Gewölbe. Das durch die gewaltigen bunten Fenster gefärbte Licht kann ungehemmt in das Kircheninnere dringen. „Ich bin das Licht der Welt", so spricht Jesus im Johannesevangelium (8,12). Es ist dieses himmlische Licht, das die Kathedralen der Gotik buchstäblich zu Gotteshäusern macht.

✣ ✣ ✣

enormous windows, through which coloured light can shine, completely penetrating into the heart of buildings. Jesus said, "I am the light of the world" in the Gospel of St. John (8:12) and it is this heavenly light which transforms the Gothic cathedral into a house of God.

✣ ✣ ✣

Säulen die in den Himmel ragen: Für viele Kunsthistoriker ist der Kölner Dom das gotischste aller gotischen Bauwerke. ◈ Columns that tower towards heaven – many art historians agree that Cologne's is the most Gothic of all Gothic cathedrals.

Invasion der Sternsinger: Über 3.000 kleine Könige bevölkern jedes Jahr zum Dreikönigsfest den Dom. ◈ An invasion of 'Sternsinger'– children who dress as the Three Wise Men during the Epiphany and walk from door to door, singing hymns. Over 3,000 children inhabit the cathedral during this Festival of the Three Kings.

Die Himmel auf Erden

Genau das ist es, was der erste Baumeister Meister Gerhard, der den Kölner Dom als Bauwerk ersann und aus den Fundamenten hob, wollte: ein Stück vom Himmel schaffen, ein „Himmlisches Jerusalem", einen „Himmel auf Erden". Dafür war ihm kein Aufwand und keine Ausgabe zu hoch.

Er und seine Nachfolger setzten all ihr Können, die wertvollsten Materialien ihrer Zeit, den Zauber von Größe und Weite ganz gezielt ein, um diesen einen Effekt zu erzielen. Sie haben Staunen produziert, dieses Gefühl, dem Alltag da draußen vor den Kirchentoren „entrückt" zu sein. Dass dies auch noch heute, sieben Jahrhunderte später, immer noch funktioniert, beweist ihr großes Können.

✣ ✣ ✣

Heaven on Earth

Cologne Cathedral's first architect, Master Gerhard, wanted his design to break free from earthly constraints. He wished to create a 'Heavenly Jerusalem', a 'heaven on Earth', and he spared no expense toward this end. He and his employees used their collective skill, the best contemporary materials available and enormous dimensions to create an astonishing effect. It is testament to his great skill that the building still produces this awestruck response today.

✣ ✣ ✣

Der Himmel auf Erden: Der Dom als Abbild des Himmels – das ist das Ziel gotischer Architektur. ◈ Heaven on Earth: the cathedral as a reflection of heaven, which was the aim of the architect.

2.

Palast für drei Könige

A Palace for the Three Kings

Bei vielen Ur-Kölnern ruft der „Dom zu Kölle“ fast zärtliche Gefühle hervor. Diese innige Beziehung der Bürger zu einem Bauwerk ist - wenn nicht einzigartig - so doch sehr selten. Dem Dom gelingt es, Menschen zu begeistern, einen unvergesslichen Eindruck zu hinterlassen. Meistens ist das so, aber natürlich nicht immer.

Die Heiligen Drei Könige huldigen dem Jesus-Kind: Der Lochner-Altar ist eines der bedeutendsten Kunstschätze im Dom. ◆ The Three Wise Men pay homage to the baby Jesus – the altar is one of the most precious artistic treasures in the cathedral.

Cologne Cathedral is regarded with affection by the city's inhabitants. This kind of intimate relationship between a township and its architecture rarely occurs. Cologne's enchanting cathedral mostly, but of course not always, leaves a distinct impression upon people.

Conversely, the cathedral has little effect upon some visitors. They see it as merely another large, old building and cannot fathom why so much money has been spent, firstly on its construction, and latterly on its maintenance: at present, the preservation of the cathedral costs at least 10 Million Euros per year. They are emotionally detached from the building and rationally question whether it is cost-effective. Their standpoint is thus: generations of builders and engineers have worked upon the cathedral and over time a tremendous amount of money has been spent on construction. Still more has to be spent on it in future. However, such considerations would not have been taken into account by its constructors in the 13th Century.

✣ ✣ ✣

The Middle Ages

It is fascinating to ask oneself what function a building such as Cologne Cathedral would have had for the medieval people who conceived it. Perhaps the best guess is that they wanted to provoke a 'spiritual awakening' in the cathedral's visitors. But what was the function of the building?

Die Geschichte, mit der alles begann: Drei Weise aus dem Morgenland folgen dem Stern von Bethlehem. ◈ The story of how it all began – the Magi follow the star of Bethlehem.

Ganz unbestritten gibt es Besucher, die diese Kathedrale kalt lässt, für sie ist der Dom ein ziemlich großes, altes Gebäude und der Aufwand, der einst für seinen Bau und heute für seinen Erhalt betrieben wird – immerhin zehn Millionen Euro pro Jahr – macht sie ratlos. Sie selbst nennen sich rational und fällen ihre Entscheidungen nach sogenannten „Kosten-Nutzen-Rechnungen". Aus heutiger Sicht mag die Tatsache, dass Generationen an diesem Bauwerk arbeiteten, dass es ungeheure Mengen an Material und Mitteln verschlang und in Zukunft auch noch verschlingen wird, befremdlich erscheinen; aus der Sicht ihrer Erbauer im 13. Jahrhundert war die Errichtung dieser gewaltigen Kirche nur konsequent.

✣ ✣ ✣

Zeitreise ins Mittelalter

Es ist wirklich spannend sich zu fragen, welche Bedeutung ein solches Bauwerk wohl in der Vorstellung der mittelalterlichen Menschen hatte. Vielleicht ist eine solche „spirituelle Zeitreise" die beste Möglichkeit, den Erbauern des Domes und ihren Zeitgenossen ganz nah zu kommen. Also,

Was it a sacred sanctuary; a meeting place for the Christian people of Cologne; or a place where Christians could celebrate the Holy Communion together? Of course, it could serve all of these purposes, but its size was excessive compared to these purposes. In the Middle Ages, Cologne had a population of around 40,000 inhabitants. It was undoubtedly the largest city in Germany at that time, but by today's standards this would only be a small town. So why did the city need such a gigantic church? In order to understand the reasoning behind Cologne Cathedral's design, we must travel back in time, to the genesis of its construction in 1248. But first we must go back even further into the past, to the year 1164 and to which was arguably the most memorable summer in Cologne's history.

✣ ✣ ✣

The Arrival of the Kings

On 23rd July 1164 the whole of Cologne was in a state of excitement. People travelled from far and wide to witness the official inauguration of Rainald von Dassel, Cologne's Archbishop and Imperial Chancellor, into his diocese. Von

Eine Basilika a miniature – 30 Jahre dauerte die Fertigstellung des „golden Hauses" für die Reliquien der Heiligen Drei Könige. ◈ A basilica in miniature – it took 30 years to finish 'The House of Gold' for the relics of the Three Kings.

was war ihnen der Dom? Ein Gotteshaus, ein Versammlungsort der Christen Kölns, eine Stätte in der man gemeinsam das Abendmahl feierte – natürlich war er all das, aber allein dafür wäre seine Größe geradezu grotesk übertrieben gewesen. Köln hatte im Hochmittelalter vielleicht 40.000 Einwohner, war unbestritten die größte Metropole Deutschlands. Aus heutiger Sicht wäre dies jedoch kaum mehr als eine Kleinstadt, wozu also ein solches Monstrum von Kirche? Um zu begreifen, welche Bedeutung Kölns Dom für die Menschen hatte, müssen wir die Zeitmaschi-

Dassel had a remarkable appearance: he was over 2 metres tall, an absolute giant of a man. He was harshly criticised by the Patricians of Cologne because he had not shown his face in his own diocese for two years. He therefore wanted to restore his reputation and re-affirm his power. He must have been somewhat apprehensive but, on this particular summer's day, everything was forgiven, for he brought a gift for his diocese with him. He presented his people with no less than the most sought-after treasure in the whole of Christendom: the remains of the biblical Three Wise

Die bedeutendste Kunstschmiedearbeit des Mittelalters: Die Heiligen Drei Könige als plastische Miniaturen auf dem Dreikönigenschrein. ❖ The greatest piece of metalwork from the Middle Ages: the Three Kings are represented as ornate miniatures upon their shrine.

ne vom Augenblick der Grundsteinlegung, also 1248, noch ein wenig zurückdrehen in das Jahr 1164, in den vielleicht denkwürdigsten Sommer der kölnischen Stadtgeschichte.

✣ ✣ ✣

Königlicher Besuch

Am 23. Juli 1164 ist ganz Köln auf den Beinen. Kölner Bürger und viele Menschen aus der Umgebung der Bischofsstadt

Einblick in sein Inneres: Die gekrönten Schädel der Heiligen. ❖ A glimpse into the inside of the shrine – the crowned skulls of the Three Kings.

Men. These were the men who, in the Gospel according to St. Matthew, were the first to pay homage to the newborn baby Jesus. The remains of the Three Kings were a magnanimous gift from Kaiser Friedrich Barbarossa, an act of gratitude towards Von Dassel for his loyalty and bravery during their conquest of the rebellious town of Milan. Rainald von Dassel took his time during his journey back to Cologne. He organised his return like a triumphant procession, and all along the way people cheered for the Bishop and his precious treasure.

Magoi – Sterndeuter aus Babylon – Mit ihrer Beobachtung einer himmlischen Erscheinung nimmt die Weihnachtsgeschichte im Matthäusevangelium ihren Anfang. ◈ The Christmas story from the Gospel according to Matthew begins with the Magi – astrologers from Babylon - noticing a heavenly star.

wollen dabei sein, wenn Kölns Erzbischof und Reichskanzler des Heiligen Römischen Reiches, Rainald von Dassel, feierlich in sein Bistum einzieht. Von Dassel ist eine spektakuläre Erscheinung: Er ist über zwei Meter groß, ein furchteinflößender Riese von einem Mann. Zwei Jahre lang hatte er sich in seinem Bistum nicht mehr sehen lassen - ein unhaltbarer Zustand, der ihm harsche Kritik der Kölner Patrizier einbrachte. Rainald von Dassel musste um sein Ansehen und seine Hausmacht fürchten, doch heute an diesem Sommertag ist ihm alles vergeben. Denn was von Dassel da als Geschenk für sein Bistum mit sich führt, ist nicht weniger als einer der größten Schätze der Christenheit: die sterblichen Überreste der „Weisen aus dem Morgenland", der biblischen

Von Dassel was more a statesman than a man of the cloth, more a warrior than a clergyman, and so made his return journey an event of European proportions. No one doubted the authenticity of the remains, for the two most influential governing bodies – the State and the Church – agreed they were genuine. Additionally, he received support from an almost hysterical cult of collecting and worshipping the relics of biblical figures. Furthermore, the Three Wise Men were regarded as far more important than the multitudes of other holy figures in Christian theology. People in the Middle Ages believed that the Three Kings were, in the literal sense, close to God.

Medieval people thought holy figures stood directly next to God's throne in heaven and that they assumed His ears and eyes. They believed those who touched the remains of holy figures on earth came into close contact with the souls of these same holy figures in heaven. Theologist and historian Arnold Angenendt explains: "The belief that the space above a holy shrine was an opening into heaven was an intrinsic part of medieval religious philosophy."

Therefore the shrine was like a gateway through which people's prayers and pleas could be directly transmitted to God. Relics could serve further purposes. They could cleanse people of their sins, reducing the amount of time a sinner had to spend in hell. It was no wonder then, that so many people turned up to witness the arrival of this redemptive relic. It was as if Rainald von Dassel and brought the key to heaven back with him from Milan.

✣ ✣ ✣

Trade and Economy in the Middle Ages

The arrival of the Three Kings' bones stimulated economic growth in Cologne. The city now housed an exceedingly valuable religious relic, and so could designate itself a holy city. Alongside Rome and Jerusalem, it is one of the few cities which can call itself 'holy'.

Word spread like wildfire throughout the Christian world about the Three Wise Men's new shrine in Cologne.

Heiligen Drei Könige. Jene Männer, die, wie der Evangelist Matthäus berichtet, dem neugeborenen Jesuskind als erste ihre Aufwartung machen. Die Gebeine der Heiligen Drei Könige sind die großherzige Gabe Kaiser Friedrich Barbarossas für die Treue und Tapferkeit seines Reichskanzlers bei der Eroberung der aufsässigen Stadt Mailand.

Rainald von Dassel hat sich für die Überführung der Gebeine, die sogenannte Translation von Norditalien bis nach Köln, Zeit gelassen, viel Zeit. Er gestaltet seine Rückkehr wie einen Triumphzug und überall am Wege jubeln die Menschen dem Bischof und seinem wertvollen Schatz zu.

Von Dassel, mehr Staatsmann als Kirchenfürst, mehr Krieger als Kleriker, macht aus der Überführung ein Event von europäischer Dimension. Dass niemand wirklich Zweifel an der Herkunft und Authentizität der Heiligenskelette hegt, liegt an der übermächtigen Autorität von Kirche und Staat, aber auch an dem fast hysterischen Kult, der mit Reliquien, mit Gegenständen und sterblichen Überresten von Heiligen betrieben wird. Und die Heiligen Drei sind nicht irgendwer im Heer der zigtausend Heiligen. In der mittelalterlichen Vorstellung sind sie Gott ganz nahe – und das will wörtlich verstanden sein. In der Vorstellungswelt der Menschen von damals stehen diese bedeutenden Heiligen direkt neben Gottes Thron, sie haben sein Auge und sein Ohr. Wer jedoch auf Erden ihre Gebeine berührt, ihnen ganz nahe kommt, der berührt damit auch ihre Seelen im Himmel. „Über Heiligengräbern ist der Himmel offen“ – so der Theologe und Historiker Arnold – lautet die Essenz mittelalterlichen Reliquienglaubens.

Das Heiligengrab ist demnach eine Art Standleitung in den Himmel, über die die Menschen ihre Gebete, ihre Fürbitten, ihr Flehen direkt bei Gott vorbringen können.

Aber Reliquien vermögen noch mehr, sie können Strafen reduzieren und die Strafzeit für die Sünden der Menschen in der Hölle verkürzen. Kein Wunder, dass das Volk auf den Straßen von Köln ganz außer sich ist. Was Rainald von Dassel aus Mailand mitbringt, ist fast so etwas wie der Schlüssel zum Himmelreich.

✣ ✣ ✣

Almost at once, pilgrims from foreign lands such as Poland rested in the city during their journey towards Santiago de Compostela to visit the tomb of St. James. Cologne rose to become an international pilgrimage site, firstly attracting dozens, then hundreds, and finally thousands of people who flocked to pay homage to the Wise Men's remains. Likewise, royalty visited Cologne because they viewed themselves as direct successors of the Three Kings. Indeed medieval Monarchs exalted this relic as justification for the doctrine of the divine right of kings, an idea which contended that all Monarchs were blessed by God and received His protection, thus making them inviolable.

A few years after the instatement of the Three Kings, the Bishop of Cologne, Philipp von Heinsberg, commissioned the famous goldsmith Nikolaus von Verdun to create a unique shrine made completely out of gold as a final resting place for the Wise Men. Nikolaus worked on a miniature version of this shrine for forty years: a whole lifetime. It is 110cm wide, 153cm high and 220cm long. It is decorated by 74 wrought figures fashioned from gilded silver, which Verdun then entirely festooned with over 1,000 jewels and pearls, and 300 antique gemstones, making it the biggest collection of precious stones from the Middle Ages.

Aufbruch der Weisen – Die babylonischen Sterndeuter folgen dem „Stern von Bethlehem“ bis nach Palästina. ◈ The departure of the Three Wise Men – the Kings follow the Star of Bethlehem to Palestine.

Für Köln ist dies – modern formuliert – das denkbar effektivste Wirtschaftsförderungsprogramm. Weil sie innerhalb ihrer Mauern diesen so überaus kostbaren christlichen Schatz beherbergt, darf sich die Stadt Köln von nun an „heilig" nennen, somit ist „Kölle", wie sie die Kölner nennen, neben Rom und Jerusalem die einzige Stadt der Christenheit mit diesem Titel.

Die Kunde von der Ankunft der Gebeine der Heiligen Drei Könige verbreitet sich in der christlichen Welt wie ein Lauffeuer. Schon bald machen Pilger, beispielsweise aus Polen, auf ihrem Weg nach Santiago de Compostela zum Grab des heiligen Jakobus, regelmäßig in Köln Station. Die Domstadt am Rhein avanciert zur internationalen Pilgerstätte. Anfangs sind es kleine Gruppen von wenigen Dutzend, dann sind es Hunderte, schließlich Tausende, die in die Stadt strömen um den biblischen Königen ganz nah zu sein. Auch gekrönte Häupter kommen nach Köln, denn die mittelalterlichen Monarchen sehen sich in der direkten Nachfolge der Heiligen Drei Könige. Aus theologischer Sicht liefert ihnen diese Reliquie die Rechtfertigung für das Gottesgnadentum, für die Idee, dass Gott höchstselbst den Monarchen seine Gnade und seinen Schutz verleiht, sie somit unantastbar macht.

Wenige Jahre nach Überführung der Gebeine gibt der Kölner Bischof Philipp von Heinsberg einen goldenen Palast als letzte Ruhestätte für die biblischen Herrscher in Auftrag. Kein geringerer als Nikolaus von Verdun, der berühmteste Goldschmied seiner Zeit, soll einen goldenen Schrein schaffen, etwas Einzigartiges, etwas, das es noch nie gab! Fast vierzig Jahre arbeitet Nikolaus an dieser Basilika en miniature, damals ein Menschenleben. Sie ist 110 cm breit, 153 cm hoch und 220 cm lang. Geschmückt wird sie von 74 getriebenen Figuren aus vergoldetem Silber. Insgesamt verarbeitet von Verdun über 1.000 Edelsteine und Perlen, dazu 300 antike Gemmen und Kameen – die wie es heißt „weltweit größte Sammlung antiker Bildsteine des Mittelalters".

Zu Beginn des 13. Jahrhunderts ist der Dreikönigenschrein vollendet, er ist die bedeutendste Silber- und Gold-

Kaiserin Helena – Der Legende nach findet sie im Heiligen Land das Kreuz Christi – und die Gebeine der Heiligen Drei Könige. ◆ As legend has it, St. Helena found the cross of Christ and the remains of the Three Kings in the Holy Land.

At the beginning of the 13th century the shrine for the Three Kings was completed and was the most significant piece of gold and silver smithery in the medieval period. Bishop Hildebold had it placed in the Carolingian cathedral, a large Romanesque building constructed in the 9th century. But only a few decades later the building was no longer able to cope with the constant onrush of pilgrims. What is more, its Romanesque architecture was outdated – the High Gothic style was now fashionable – and the old cathedral was an embarrassing reminder of former, darker times. In 1225 the decision was made to build a new cathe-

Die Legenda Aurea – Eine Ansammlung von Heiligengeschichten des Mittelalters. Sie beschreibt Helenas Suche nach dem Heiligen Kreuz. ◈ The Golden Legends – a collection of holy stories from the Middle Ages – they describe Helena's search for the cross of Christ.

schmiedearbeit des Mittelalters. Seine Heimat wird zunächst der von Bischof Hildebold gestiftete karolingische Dom aus dem neunten Jahrhundert, ein romanischer Riesenbau. Doch schon wenige Jahrzehnte später ist dieses Bauwerk dem Ansturm der Pilger nicht mehr gewachsen. Im Zeitalter der Hochgotik ist die Romanik als Baustil out, der Alte Dom ein peinliches Überbleibsel aus dunkler Zeit. 1225 fällt die Entscheidung für einen Neubau. Doch es wird noch weitere 23 Jahre dauern, bis wirklich der erste Spatenstich erfolgt. Seinen Erbauern und Stiftern, aber auch den Gläubigen von damals ist der Kölner Dom mehr als ein Gotteshaus, er ist

dral, although it took a further 23 years before construction finally began. Its builders and benefactors wanted it to be more than just a church: they wished to create a palace for the Three Kings, a place in which a gathering of heavenly figures resided alongside God Himself, rather like a piece of heaven here on earth. In their minds it functioned almost like a magical machine which shielded them from hell, made direct contact with God a possibility, and which helped them attain eternal life in the Kingdom of Heaven. Arnold Agenendt, historian, explains that "medieval people went to great lengths to transform the impossible into

Die „Translatio“ der Heiligen Drei Könige – Rainald von Dassel bringt die Gebeine nach Köln. Ein Geschenk Kaiser Barbarossas. ◈ The 'translatio' of the Three Wise Men – Rainald van Dassel brings the remains, a gift from Emperor Barbarossa, back to Cologne.

der Palast der Heiligen Drei Könige, ein Ort, der mit der himmlischen Versammlung der Heiligen, mit Gott selbst in Verbindung steht, der selbst fast ein Stück vom Himmel ist. In der christlichen Vorstellung ist er beinahe so etwas wie eine magische Maschine, die vor Höllenstrafen schützt, den direkten Dialog mit Gott möglich macht, die hilft, das ewige Leben zu erlangen. Für den Münsteraner Historiker und Theologen Professor Arnold Angenendt ist Angst der Stoff, der diese magische Maschine antreibt, denn „wenn es darum geht, den Tod zu besiegen, macht der Mensch das schier Unmögliche wahr“. Vor diesem Hintergrund sieht im Mittelalter die „Kosten-Nutzen-Rechnung“ für den Dom ganz anders aus als heute. Die Kathedralen sind den Gläubigen etwas unendlich Kostbares, ihr Tor zum Himmelreich.

✣ ✣ ✣

Feierliche Öffnung des Schreins – 1864 werden die Gebeine zum ersten und zum letzten Mal begutachtet. ◈ The celebratory opening of the shrine – in 1864 the remains were examined for the first and last time.

a reality: they desperately wanted to believe one could conquer or elude death.” Therefore medieval people viewed the cathedral in a completely different way than we do today. They did not care about 'cost-effectiveness': for them the cathedral offered something far more valuable. They believed it could provide them with a ticket to the Kingdom of Heaven.

✣ ✣ ✣

Ein seltener Anblick – der geöffnete Schrein. Nur ein einziges Mal im Jahr wird die Abdeckplatte des Dreikönigenschreins entfernt. ❖ A rare view of the opened shrine. The lid of the shrine is only removed once a year.

Ein Palast für die Könige: Der Reliquie der Heiligen Drei Könige verdankt der Kölner Dom seine Entstehung. ❖ A palace for the Three Kings – Cologne Cathedral owes its construction to the remains of the Magi.

3.

Zwischen Gotteslob und Grössenwahn

Praising God versus Megalomania

Nach dem Einzug der Reliquien der Heiligen Drei Könige ist in Köln nichts mehr so wie es einmal war: In nur wenigen Jahrzehnten avanciert das beschauliche Colonia zu einer der führenden Pilgerstätten des Abendlandes. Und dieser neuen „spirituellen Bedeutung“ der Stadt muss Rechnung getragen werden. In Frankreich leisten sich längst selbst Kleinstädte kolossale Kathedralen. Köln hingegen, immerhin die größte Stadt in Deutschland, kann lediglich den Alten Dom aus karolingischer Zeit vorweisen. So herrscht bei dem Bischof, den Domherren und den Patriziern Übereinstimmung darüber, dass man eine neue Kathedrale haben will. Die Vorstellungen davon, wie diese aussehen sollte, sind jedoch eher vage. Eines ist indessen sicher: Es soll ein Bauwerk in diesem neuen, angesagten Stil der Gotik werden.

In Frankreich, wo die Geburtsstunde der Gotik schlug, grassiert ein regelrechter Bauwahn. Bauherren und ihre Baumeister wetteifern um immer höhere, immer filigranere Konstruktionen. Nach den ersten, fast noch bescheidenen Anfängen in der Frühgotik, ist die Hochgotik die Epoche der Rekordjäger. Wer baut den gewaltigsten Innenraum, die höchsten Türme oder das längste Kirchenschiff, und zwar so, dass das Bauwerk auch stehen bleibt, was ja keineswegs eine Selbstverständlichkeit ist?

Sie ist unbestritten die Gewaltigste von allen: Die Ka-

The arrival of the Three Kings completely changed Cologne from what it once was. In just a few years it had transformed into a one of the largest pilgrimage sites in the West. Cologne had to make sure it could cope with its new spiritual significance. In France, even small towns could afford to have colossal cathedrals whereas Cologne, the largest city in Germany, only had an old cathedral from Carolingian times to show for itself. The bishop, canon and patricians all decided that the town needed a new cathedral, but ideas were vague with regards to what the new cathedral should look like. One thing, however, was clear: it had to be designed in the new, fashionable Gothic style. France, the birthplace of Gothic, was a hive of building activity. Architects and their employees competed to build ever higher, ever more intricate constructions. From the humble beginnings of Early Gothic grew the High Gothic style, a period in which architectural boundaries were constantly pushed. The man who managed to build the highest arch, the tallest tower or the longest nave was someone who was respected.

It was widely accepted that Amiens Cathedral was the most impressive cathedral of its time and it still remains the largest medieval church building in France. When construction on Cologne Cathedral began, Amiens Cathedral held the record for having the highest church interior in

Die Kathedrale von Chartres. ◈ Chartres Cathedral.

thedrale von Amiens, das größte französische Kirchengebäude des Mittelalters. Als in Köln der Startschuss für den neuen Dom fällt, besitzt die Kathedrale von Amiens bereits den höchsten Kirchenraum der Welt mit über 42 m Höhe. Diese Kathedrale nimmt eine Fläche von 7.1000 m^2 ein und hat ein Volumen von 200.000 m^3. Amiens muss getoppt werden, darüber ist man sich am Rhein einig, nur wie und vor allem mit welchem Baumeister?

Um zu ermessen, um welche Art von Fachleuten es sich bei den Baumeistern der Gotik gehandelt hat, muss man sich eine ganz einfache Tatsache vor Augen führen: Der Baumeister ist derjenige, der allein das ganze Bauwerk im

the world (42 m high). Amiens Cathedral occupies a space of 7,700 m^2 and has a volume of 200,000 m^3. Amiens had to be topped: that much was certain. It was just a question of how, and above all, which architect could do the job.

One must appreciate the enormous amount of expertise required of a medieval architect. He was the only one who had the entire design of the building in his head. He had to manage a huge construction site and motivate over one hundred workers. Nowadays, our architects work with construction engineers, project managers and highly specialised computers. Back then the architect had to do all of these tasks unaided or, at the very least, he had to come up

Kopf hat. Er ist Manager und Motor einer mehr als hundertköpfigen Baustelle. Was heute Architektenstäbe, Bauleiter und Statiker mit hochspezialisierten Computerprogrammen in die Höhe bauen, macht er – zumindest was Planung und Konzeption angeht – ganz allein, und wir sprechen von den größten Bauvorhaben seit der Antike! Denn so etwas wie Baustatik gibt es noch nicht, die hält erst im 19. Jahrhundert Einzug in das Bauwesen. Bis dahin gilt das Prinzip „Trial and Error" - der Versuch, die Grenzen des Möglichen auszuloten, bis nichts mehr geht, bis das Bauwerk in sich zusammenbricht, wie es beispielsweise im französischen Beauvais geschieht. Bauen ist im Mittelalter demnach eine Frage der persönlichen Erfahrung und des Wissens. Der Baumeister ist im engsten Sinne des Wortes auf der Höhe seiner Zeit. Ein Universalgenie, das über alles in seiner Epoche verfügbare Wissen aus Naturwissenschaft, Physik, Architektur, Mathematik und Materialkunde verfügt. Viele Baumeister beginnen ihre Karriere als Steinmetze, Bildhauer oder auch als Maurermeister. Ihre Stärke ist ihre Mobilität, als Gesellen wandern sie wie alle mittelalterlichen Handwerker von Baustelle zu Baustelle.

Notre-Dame-de-Chartres war ein gigantisches Bauprojekt für die mittelalterliche Kleinstadt ◈ The Cathedral of Our Lady of Chartres was a gigantic building project for the medieval township.

with the original design by himself. This had been standard practice for construction projects since ancient times. There was also no such thing as 'statical calculation': this only came into use in the 19th century. Instead the architects developed designs through a process of trial and error. They tried to push the boundaries of what was structurally possible until the buildings buckled which, for example, happened to the Cathedral in Beauvais. Therefore competence in building design in the Middle Ages was a question of knowledge and experience. The medieval architect was the expert of his time, possessing a vast knowledge of science, maths, physics, architecture and the properties of various construction materials. Many architects began their careers as itinerant stonemasons, sculptors or bricklayers. They moved from one job to the next, constantly gaining experience and honing their skills. The medieval architects shared their knowledge and discoveries amongst their contemporaries, but to outsiders they remained completely silent. Barbara Schock-Werner, Cologne's Dombaumeisterin (responsible for the structural maintenance of the building), explains their mindset: "A baker would never tell a sculptor the recipe of his bread; however he would compare techniques and information openly amongst other bakers. In this same way, new building techniques spread throughout the architectural community exceedingly quickly."

Large Scale Design in the Middle Ages

Robert de Luzarches, the architect behind Amiens Cathedral, has gone down in history as the Henry Ford of church construction. He discovered something revolutionary almost 700 years earlier than the great automobile pioneer Ford, which would later provide the foundation for industrialisation: namely automatization and rationalization. For the first time ever, Luzarches manufactured square stones which he fashioned using a series of models as templates. This technique meant that stones could be hewn

Die Kathedrale von Chartres wird oft als Höhepunkt der Gotik bezeichnet. ◈ Chartres Cathedral is often described as the pinnacle of Gothic architecture.

Nirgendwo bleiben sie lange und überall lernen sie dazu. Denn Wissenstransfer im Mittelalter bedeutet, dass man innerhalb der eigenen Berufsgruppe seine Erfahrungen und Erkenntnisse teilt, nach außen hingegen absolutes Stillschweigen wahrt. Wie es die Kölner Dombaumeisterin Barbara Schock-Werner formuliert: „Kein Bäcker würde einem Bildhauer gegenüber verraten, wie man Brot backt, doch untereinander war man ganz offen. So verbreitet sich eine neue Bautechnik rasend schnell."

✣ ✣ ✣

while work on the construction site simultaneously took place. What is more, construction could continue all year round. Cologne's clergy and patricians needed an architect of the same calibre as Luzarches: they found him in Master Gerhard. It is certain that Gerhard knew Luzarches's work; he was definitely familiar with the Amiens Cathedral because right at the beginning of the 13th century, Gerhard had embarked upon a journey to visit the construction sites of the French Gothic architects. Gerhard came from the Rhineland so he had no experience of the Gothic style from his homeland. France housed gigantic pieces of Gothic ar-

Grossserie im Mittelalter

Amiens Baumeister Robert de Luzarches geht als „Henry Ford der Gotik“ in die Kirchenbaugeschichte ein. Er wird fast 700 Jahre vor dem großen Automobilpionier etwas einführen, das zu den Grundpfeilern der Industrialisierung werden wird: Automatisierung und Rationalisierung. Der Architekt von Amiens lässt erstmals Quadersteine nach einer kleinen Anzahl von Modellen in Serie herstellen. Das „Modell Luzarches“ lässt es zu, dass die Steine parallel zu den Arbeiten auf der Großbaustelle zugehauen werden können - und das ganzjährig. Köln braucht einen Mann von seinem Kaliber - und findet ihn in Meister Gerhard. Man kann getrost davon ausgehen, dass er Luzarches Arbeit kannte, ebenso sicher kannte Gerhard die Kathedrale von Amiens.

Denn bereits am Anfang des 13. Jahrhunderts beginnt er seine Gesellenwanderung zu den Großbaustellen der französischen Gotik. Gerhard stammt aus dem Rheinland, noch hat die Gotik seine Heimat nicht erreicht. Den jungen Mann zieht es nach Frankreich, wo gerade noch nie gesehene Monumentalbauten entstehen.

Es ist nicht ausgeschlossen, dass er auf zwei, drei Baustellen arbeitete – immer auf der Suche nach neuen Erfahrungen und Techniken. Wir wissen nicht im Detail, welche Kathedralen Gerhard studiert hat. Doch in einem Fall sind sich die Historiker sicher: Die Kathedrale von Amiens gehörte dazu. Amiens lieferte die Inspiration für das spätere Lebenswerk dieses jungen Mannes – den Dom zu Köln. Die Betonung liegt auf „Inspiration“. Die Behauptung, der Kölner Dom sei eine Kopie von Amiens, stößt bei Dombaumeisterin Barbara Schock-Werner auf entrüstete Ablehnung: „Meister Gerhard, der den Bau des Kölner Doms begonnen hat, muss die französische Baukunst sehr gut gekannt haben. Es gab ja hierzulande nichts Vergleichbares. Und er hat mit Sicherheit Amiens gekannt, ebenso die Baustelle von Beauvais. All dies kann man bei ihm ablesen. Aber er war eben bedeutend und selbstbewusst genug, um nicht das zweite Amiens zu bauen. Im Detail unterscheiden sich die beiden Bauten ganz deutlich, wo-

chitecture which the young Gerhard had never seen before. It is possible he worked on two or three buildings: he would always have been on the lookout for new ideas and techniques. It is not known exactly which cathedrals he studied, but historians are certain that Amiens Cathedral was one of them. It provided the inspiration for Cologne Cathedral. The emphasis lies on inspiration; it has been claimed Cologne Cathedral was a copy of the Cathedral at Amiens. Barbara Schock-Werner, Dombaumeisterin, indignantly rejects these allegations: “Master Gerhard would have been intimately acquainted with French architecture when he began work on Cologne Cathedral, but there is nothing in this part of the world which is comparable to it. And he certainly knew Amiens Cathedral, but also that of Beau-

Die Kathedrale von Amiens. ◆ Amiens Cathedral.

Notre Dame d'Amiens gilt als Vorbild des Kölner Doms. ◈ The Cathedral of Our Lady of Amiens was thought to be a model for Cologne Cathedral.

bei Amiens von der Spannung gegensätzlicher Formen lebt, während der Kölner Dom – Meister Gerhards Ideal – die Harmonie aller Teile ist."

Als „Magister Geradus lapicida rector fabricae" wird Gerhards Name fortan mit der vielleicht gotischsten aller gotischen Kathedralen, mit dem Bau einer der größten Kirchen der Christenheit unlösbar verbunden sein. Gerhard ist vermutlich Mitte 40, als ihn Erzbischof Konrad von Hochstaden und das Domkapitel zum Dombaumeister ernennen. Gerhards Auftrag ist eindeutig: Der Kölner Dom soll alle Kathedralen in den Schatten stellen, er soll die größte Kirche der Christenheit werden!

Zwei Jahre brütet Gerhard über den Plänen und Berechnungen. Er ist Mathematiker, Statiker, Ingenieur und Architekt in Personalunion. Am Ende ist seine Vision im Kopf vollendet. Ein Bauwerk von buchstäblich biblischen

vais. This much we can gather about him. But he also had enough individuality and imagination not to build a second Amiens. The detail is distinctly different in the two buildings; Amiens is characterised by a tension between opposing forms whereas there is a harmony between all elements of Cologne Cathedral, which was what Master Gerhard wanted to achieve."

Gerhard's name, or to use his Latin title Magister Geradus lapicida rector fabricae, will forever be connected to the most Gothic of all Gothic cathedrals, and with one of the largest church buildings in the whole of Christendom. He was supposedly in his mid-forties when he was appointed chief architect of the Cathedral by Archbishop Konrad von Hochstaden. His assignment was clear: to build the biggest church is the Christian world, a cathedral to dwarf all others.

Der mächtige Innenraum der Kathedrale von Amiens. ◈ The lofty interior of Amiens Cathedral.

Dimensionen, mit einem Innenraum, der sogar höher ist als jener in Amiens. Mit fünf statt drei Schiffen, mit Türmen, die über 150 m in den Himmel ragen sollen. Das, was in Gerhards Kopf entsteht, ist nicht weniger als die größte Kirche der Welt. Ein würdiges Haus für die Heiligen Drei Könige und Platz für Tausende von Pilgern!

Heute können selbst Historiker nur vermuten, wie Gerhard seine Pläne den Bauherren präsentierte, sicherlich nicht in Gestalt eines Modells, das kam erst sehr viel später in Mode. Möglicherweise hat er ihnen sein sogenanntes „Urmaß" gezeigt, ein maßstabsgetreuer Bauplan des Vorhabens, aus heutiger Sicht eine einfache Aufrisszeichnung.

For two years he worked on his plans and calculations: he was his own architect, engineer and mathematician. Finally he managed to perfect his design. It was a structure of literally biblical proportions; it would have an interior even higher than that of Amiens. With five aisles instead of the customary three and with steeples towering towards heaven, Gerhard had conceived the largest church in the world. It would be a worthy resting place for the Three Kings and would accommodate thousands of pilgrims.

Nowadays historians can only speculate as to how Gerhard presented his plans to his builders. He certainly did not use a model as this technique came into use much later. He

Als die Domherren zu Köln Meister Gerhards ersten Entwurf sehen, vielleicht als riesiges Tonrelief im Kapitelsaal, ahnen sie wahrscheinlich, dass dies der Plan für die größte Kirche der damaligen Christenheit ist. Vielleicht hat der ein oder andere der gelehrten Herren im Geiste mitgezählt: Sieben Chorkapellen hat Gerhards Dom - die Summe aus der Drei, dem Zahlensymbol der Dreifaltigkeit und der Vier für die vier Evangelisten.

Zwölf Türen führen in die Kathedrale – zwölf Tore hat das Himmlische Jerusalem. Das ist kein Zufall, es ist wie alles an diesem Riesenbauwerk volle Absicht. So ganz vollständig dürften wir auch heute noch nicht Gerhards „Geheimcode" geknackt haben. Seine Grundidee indessen kennen wir, so Professor Arnold Angenendt: „Der Mensch ist von Gott nach Maß, Zahl und Gewicht erschaffen. Wenn ich den Menschen auf den Boden lege und ihm sage: ‚Breite die Arme aus', dann kann ich vom Nabel aus einen Kreis um ihn ziehen, und er liegt genau in diesem Kreis. Der nächste Schritt – das Himmlische Jerusalem – ist natürlich ebenso nach Maß, Zahl und Gewicht geschaffen. Und wenn die Kathedrale das Abbild des Himmlischen Jerusalems sein soll, dann muss sie natürlich – wie ihr himmlisches Vorbild – nach Maß, Zahl und Gewicht geschaffen sein."

Diesen Mann, der so selbstverständlich mit Himmelsbauwerken, Zahlenmystik, unverständlichen Formeln und geheimnisvollen Zeichen hantiert, der mitten in Köln eine Baustelle lenkt mit unheimlichen Höllenmaschinen, Rauch und einer Baugrube, die – so munkelt man – bis zur Hölle reicht, diesen Mann bewundern die Menschen, aber noch mehr fürchten sie ihn. Meister Gerhard, Mastermind des Kölner Riesendoms, ist Baumeister und Magier – und sein Zauber wirkt bis zum heutigen Tag.

✣ ✣ ✣

possibly showed them a copy of his original idea, which to us would look like a simplified scale drawing of the front elevation of the cathedral. There was probably a collective sigh of relief throughout the Chapter House when Master Gerhard showed the Church Elders his design: they would have been anticipating a plan for the biggest church in Christendom. His cathedral had seven chapels: this was deliberate because seven is the sum of three (symbolising the Holy Trinity) plus four (standing for the four Evangelists).

There are twelve spires in the cathedral, mirroring the twelve heavenly gates of Jerusalem. None of these design features are accidental: Gerhard deliberately wanted this building to be steeped in religious metaphor. To this day we are still unable to completely understand Gerhard's design, for some of the symbolism remains unclear. We know, however, the fundamental idea behind his design. Professor Arnold Angenendt explains:

„Man was created by God according to the principles of dimension, number and weight. If I tell a man to lie down on the ground and spread his arms I can draw a circle beginning at the navel – and he will lie exactly in the centre of this circle. The next step – Heavenly Jerusalem – was also created according to these principles. So if the cathedral is to be an image of Heavenly Jerusalem, it also has to be designed following the same principles."

Master Gerhard was evidently well-versed in heavenly symbolism, numerology, unintelligible formulas and mysterious signs. He directed his construction site in the middle of Cologne like it was an infernal machine: it was shrouded in smoke and there was an excavation pit which, it was rumoured, reached far below the ground and into the depths of hell. This man fascinated people, but even more so, he terrified them. Master Gerhard, mastermind behind Cologne's gigantic cathedral, was both chief architect and sorcerer, and the building remains saturated in his magic to this day.

✣ ✣ ✣

Schwindelerregende Höhen: Blick ins Schiff und Querhaus des Kölner Doms. ❖ Dizzying heights: a view of the nave and transept of Cologne Cathedral.

4.

Ein Fundament für die Ewigkeit

Foundations for Eternity

Das Fundament des Kölner Domes ist fast so schwer wie das Bauwerk das es trägt. ❖ The foundations of Cologne Cathedral are almost as heavy as the building itself.

Es ist eine Sache, einen Dom zu planen, eine andere, ihn zu bauen. 1248 ist Gerhard in der nicht gerade beneidenswerten Situation, seinen Worten auch Taten folgen lassen zu müssen. Was hat er sich nicht alles vorgenommen. Allein die Dimension seines geplanten Riesenbauwerkes ist immens: 400.000 m³ Raum umfasst der Kölner Dom, das ist immerhin das Doppelte des Volumens der Kathedrale

It is one thing to plan a cathedral, but quite another to build one. In 1248 Gerhard was in the unenviable position of having to deliver what he had promised to Cologne: a massive undertaking. The volume of his planned structure alone (40,000 m³) was twice that of the Amiens Cathedral. The cathedral in Amiens was the flagship of French Gothic architecture: Gerhard must have been painfully aware of this fact. Considering all the knowledge he had accumulated in France about the latest techniques in construction and standardisation, which he had utilised to great effect in his plans, it is a tragedy he never lived to witness the completion of his work. The building of a cathedral is a task undertaken over many generations; the construction period is measured in decades, not years. A century to build a cathedral, or even more, was normal. Where would Gerhard begin?

❖ ❖ ❖

Moving Mountains

During the construction of a cathedral, tonnes of materials must be procured and transported to the building site. Under Gerhard's instruction, 250 men were working in a stone quarry, mining the raw materials needed for

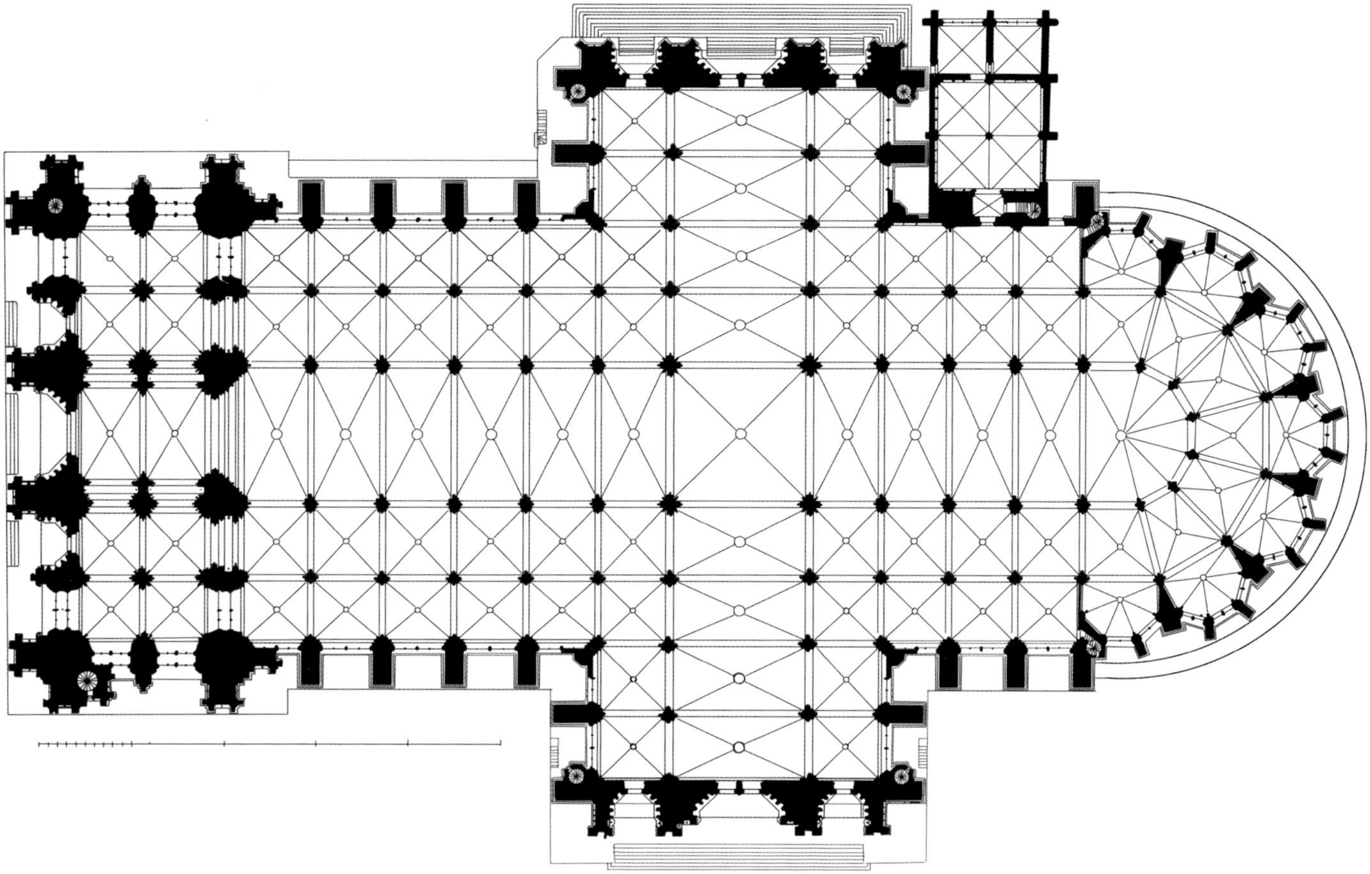

Grundriss der Kathedrale: Der Bauplan des Kölner Domes orientiert sich an biblischen Zahlen. ◈ The layout of the cathedral: the church was designed with biblical symbolism in mind.

von Amiens – und Amiens ist immerhin das „Flaggschiff" der Gotik in Frankreich. Über eines ist er sich im Klaren: Auch wenn er alle Register moderner Bautechnik und Standardisierung zieht, selbst wenn er alles, was er in Frankreich gelernt hat, perfekt anwenden wird - niemals wird er die Vollendung seines Werkes erleben. Der Bau einer Kathedrale ist ein Generationenwerk, dessen Dauer nicht in Jahren sondern in Jahrzehnten gemessen wird. Bauzeiten von bis zu einem Jahrhundert und länger sind möglich! Wo wird Gerhard beginnen?

✣ ✣ ✣

the build. Most were day labourers and unskilled workers. On top of that, stones were delivered daily to over 50 highly-qualified stone masons who carved and smoothed them into squares. The masons were paid according to the number of stones they managed to fashion. Hundreds of thousands of stones must have been moved, some weighing over 200kg, meaning that two men could barely lift them. Gerhard was lucky for he did not need to transport his building materials using horses or oxen; instead he shipped them along the river Rhine, which was far cheaper and easier than by land. The stone quarry used for the build lay directly on the banks of the Rhine at the Drachenfels in

Wer eine Kathedrale baut – muss ein Gebirge versetzen: Die Steinbrucharbeiten für eine Kathedrale sind ein Generationenprojekt. ◈ He who wants to build a cathedral must move mountains: quarrying for materials is a job undertaken over many generations.

Ein Gebirge wird versetzt

Wer eine Kathedrale bauen will, muss ein Gebirge versetzen. Unter Gerhards Regie arbeiten allein im Steinbruch mehr als 250 Menschen, die meisten sind Tagelöhner und Ungelernte. Darunter befinden sich aber auch mehr als 50 hochqualifizierte Steinmetze, die täglich neu gebrochene Quader behauen und glätten. Bezahlt werden sie nach Stückzahl. Hunderttausende von Steinen müssen bewegt werden. Sie können über 100 kg wiegen, so dass sie kaum von zwei Männern getragen werden können. Gerhard hat das Glück, dass sie nicht über Land auf Pferden- oder Ochsenkarren transportiert werden müssen, sondern dass er sie viel einfacher und preiswerter über den Rhein verschiffen kann. Sein Steinbruch am Drachenfels im Siebengebirge liegt genau wie die Baustelle für seinen Dom direkt am Rheinufer.

Der Dombau ist nicht nur in Köln sondern auch für das Umland der Wirtschaftsfaktor Nummer eins. Barbara Schock-Werner: „Generationen von Eifelbewohnern haben davon gelebt, Steine zu brechen und sie nach Köln zu

the Siebengebirge mountain range. The construction of the Cathedral did not solely take place in Cologne, but also the surrounding area, and this was of great economic importance. Barbara Schock-Werner elucidates: "Generations of people who lived in the Eifel region spent their lives quarrying stone and transporting it to the Cologne construction site. This work would nowadays be seen as exploitative, but to the people of the Middle Ages it was viewed in the same terms as Ford's company is viewed today: namely, as the largest employer in the area."

✣ ✣ ✣

Foundations for Eternity

The strategy of demolishing all existing structures and then assembling the new building from scratch cannot be easily applied to church construction, especially in such an exposed location as the Cologne Cathedral. There was also the question of where to house the relics of the Three

bringen für den Dom. Man darf also nicht nur - man sagt das ja heute so gern - Ausbeutung darin sehen. Die Baustelle des mittelalterlichen Domes hatte für die Bürger der Stadt Köln die gleiche Bedeutung wie Ford heute."

Fundament für die Ewigkeit

Die Strategie, alles abzureißen, um dann sozusagen aus dem Nichts den Neubau zu beginnen, funktioniert bei einem Kirchenbau – zumal wenn es sich um einen derart exponierten handelt – einfach nicht. Wohin mit all den Pilgern – und wo soll man die wunderbare Reliquie der Heiligen Drei Könige präsentieren? Das Wallfahrtsgeschäft kann man unmöglich während der Arbeiten am Neubau aussetzen, der finanzielle Verlust wäre ruinös für Stadt und Kapitel. Die Strategie heißt demzufolge „Zug um Zug". Ausgehend vom Chor frisst sich der Neubau gewissermaßen in den Altbau, den er Stück für Stück ersetzt. Soweit die Theorie, doch die Praxis erweist sich als tückisch, vor allem wenn man es mit einem sogenannten „heißen Abbruch" probiert. Um den Abriss des alten Ostchores zu beschleunigen, setzt man ihn in Brand. Eigentlich eine gezielte Maßnahme, leider gerät sie außer Kontrolle. Denn das Feuer greift auf das gesamte Bauwerk über und legt beinahe den ganzen Alten Dom in Schutt und Asche. Am Ende können die Westteile soweit wiederhergestellt werden, dass die Fortsetzung des Kirchenbetriebs gewährleistet ist.

Niemand würde heutzutage in Deutschland auf die Idee kommen, den gut erhaltenen romanischen Alten Dom einfach abzureißen, nur um Platz für einen Neubau zu schaffen. Unsere Vorfahren hatten da weitaus weniger Skrupel - die Geschichte des Denkmalschutzes beginnt erst im 19. Jahrhundert. Trotzdem wird die neue Kathedrale zu Köln in der Vorstellung von Gerhard und seinen Zeitgenossen gleichsam „für die Ewigkeit" gebaut. So liegt die zweite große Herausforderung nach der Beschaffung des Baumaterials in der Gründung, im Fundament des Riesenbauwerkes.

Vorindustrielle Serienfertigung: Die Steine für den Dom werden schon im Steinbruch bearbeitet und mittels Steinmetzzeichen exakt positioniert. ◈ Pre-industrialised production methods: the stones were hewn at the quarry and then positioned on the construction site by stone masons.

Kings: where would all the pilgrims go? The trade induced by pilgrims was invaluable: the financial loss caused by their absence would have been disastrous for the city and its government. To counteract this problem they adopted a strategy of demolishing, then rebuilding the church one step at a time. Starting with the chancel, the new structure would gradually replace the existing cathedral, piece by piece.

Ein Meisterwerk mittelalterlicher Baukunst – Der Dombaumeister hat keine Computer, keine Mathematik, keine statischen Berechnungen auf die er seine Konstruktion stützen kann – nur seine persönliche Erfahrung. ◈ A masterwork of medieval architecture – the chief architect had no computer and no means of making mathematical or statical calculations of the load-bearing capabilities of the building – he had only his personal experience.

Es gibt Schätzungen, die besagen, dass der Dom, würde man ihn heute von Grund auf neu erbauen, eine Bausumme von etwa 10 Milliarden Euro verschlingen würde. Natürlich ist bei derartigen Schätzungen Vorsicht geboten, doch die Richtung stimmt. Heutzutage wäre dieses Bauprojekt weltweit in den Medien präsent und bereits vor dem offiziellen Baubeginn hätten uns die Architekten eine virtuelle Computersimulation des fertigen Domes präsentiert: die Kathedrale in Bits und Bytes, die komplette Statik und der Innenausbau inklusive. Dutzende, wenn nicht Hunderte, wären an der Bauplanung beteiligt gewesen.

1248 ist es allein Gerhard, der den Plan in seiner ganzen Komplexität erfasst.

Gerhards Prinzip der Statik und der Traglasten kann man auf die einfache Formel „wie oben so unten" reduzieren. Die Basis, auf der der Dom ruht, ist fast genauso schwer wie die Kathedrale selbst. Der Kölner Dom wiegt schätzungsweise 160.000 t; die Baumasse seiner Fundamente sollte dieser Masse in etwa entsprechen, so die einfache Faustregel mittelalterlicher Baukunst. Unter Ägyptologen kursiert als Treppenwitz die Frage, was eigentlich eindrucksvoller sei - die Pyramiden selbst oder die gigantischen Rampen, die notwendig waren, um die riesigen

This was the theory at least, but in practice it proved fallacious, so they quickly abandoned this method. To accelerate the demolition of the east chancel they set it on fire. It was meant to be a controlled fire, but it unfortunately blazed out of control and the fire laid waste to almost the entire cathedral, reducing it to a pile of ash and rubble. In the end however, enough of the western part of the church still stood and work could continue on the rest of the cathedral.

Nowadays no one in Germany would even contemplate ripping up a Romanesque cathedral just to make room for a new building. But our forefathers had fewer scruples: the concept of protecting architecture of historical interest did not exist until the 19th century. However, in the minds of Gerhard and his contemporaries, the new cathedral would have been built to last for eternity. After procuring his building materials, Gerhard was faced with his second great challenge: laying the foundations for the colossal structure. It is estimated that if a building of this size were to be built from scratch today, it would cost 10 million euros. Of course these are cautious estimations, but they are in the right price area. Nowadays a building project of this scale would be covered by the media worldwide and its architects would showcase their finished design on a

Quader bis zur Spitze zu ziehen. Auf den Dom übertragen ist das Fundament hinsichtlich seiner Masse fast so etwas wie ein Bauwerk für sich. Es ist – nach der Planung - die erste Großtat Meister Gerhards.

✣ ✣ ✣

Abstieg in die Unterwelt

Wer heute in die Unterwelt des Kölner Domes hinabsteigt, passiert zunächst einen Tunnel, herausgeschnitten aus einer der großen Stützsäulen des Domfundaments. Dank der modernen Statik weiß man, dass dieses Tunnelchen der Stabilität der Basis keinen Abbruch tut. Trotzdem ist es für den sensiblen Besucher ein beklemmendes Gefühl: Ein Gebirge aus Stein, die Tonnage der himmelstürmenden Türme lastet auf den Fundamentsäulen.

Hier unten beginnt man zu begreifen, welchen Kraftakt die Menschen des 13. Jahrhunderts vollzogen. Jede einzelne Stützsäule des Fundamentes hat die Ausmaße eines Wohnhauses und ragt 17 m in die Tiefe. Fast 130.000 t Stein wurden als Basis für den Dom verbaut. So sind die Fundamente dieser Kathedrale fast ein Riesenbauwerk für

computer simulation before the official commencement of construction. The blueprint would be presented in bits and bytes, with structural calculations and the design of the interior included. Dozens, if not hundreds, of people would have worked together in order to come up with the final design.

Gerhard's structural calculations of the load bearing capabilities of his cathedral can be reduced to one simple maxim: 'above as below'. The foundations upon which Cologne Cathedral stands are as heavy as the building itself. The cathedral weighs approximately 160,000 metric tons. The mass of the foundations therefore had to be roughly equal to this weight; the rule of thumb for medieval architecture. Amongst Egyptologists there is the running joke, 'what is more impressive: the pyramids or the huge ramps used to slide the gigantic building blocks up to the top of the structure?' In the same way as the ramps of Ancient Egypt, the foundations of Cologne Cathedral are a wonderful structural achievement in themselves. After the designing of the cathedral, they were the first great feat of Master Gerhard.

✣ ✣ ✣

Descent into the Underworld

Those who visit Cologne Cathedral's crypts today will initially pass through a tunnel carved into one of the largest supporting pillars of the cathedral's foundations. Thanks to modern structural analysts, we know the tunnel does not compromise the stability of the cathedral. Despite this, even sensible visitors feel oppressed by the sheer mass of the stone pillar which supports the enormous towers, weighing tonnes, above it.

Here, under the ground, one begins to comprehend what an amazing feat the builders from the Middle Ages achieved. Every single supporting pillar of the foundation is the scale of an apartment building and plunges 17 m into the ground. Almost 130,000 tons of stone were used to build the cathedral's foundation which has a mass al-

Basis für die Ewigkeit: Jede Fundamentsäule hat die Ausmaße eines Mehrfamilienhauses. ◈ A basis for eternity: every foundation pillar is the same scale as a block of flats.
Rechts: Ein bizarres Gebirge: Das filigrane Strebewerk des Domes – das vielleicht typischste Merkmal gotischer Architektur. ◈ Right: The elaborately carved buttresses of the cathedral are a typical feature of Gothic architecture.

sich, sie entsprechen annähernd der Masse des Domes. Im Labyrinth dieser Unterwelt stößt der Besucher auf Zeugen einer Geschichte, die bis in vorchristliche Zeit reicht. Eine architektonische Zeitreise: Ruinen des romanischen Vorgängerbaus, gemauerte Gräber fränkischer Merowinger-Könige aus dem sechsten Jahrhundert, schließlich Reste römischer Wohnhäuser des ersten bis vierten Jahrhunderts. Kopfsteinpflaster auf dem schon Legionäre marschierten, Brunnen für die Bewohner einer Stadt, die noch nicht Köln, sondern Colonia Claudia Ara Agrippinensium hieß. „Colonia" ist das römische Wort für Kolonie, das höchste Stadtrecht, das Rom zu vergeben hat. Aus diesem „Colonia" – selbst Nichtkölner ahnen es schon – wird schließlich Köln, ursprünglich also kein Name, sondern ein Titel. Der Dom ruht auf mehr als einem Jahrtausend Stadtgeschichte.

✣ ✣ ✣

most as large as the cathedral itself. In the labyrinthine underworld of the cathedral's foundations, visitors come across the stuff of legend, much of it harking back to a pre-Christian era. Architecturally, it is like a journey through time: there are ruins of the former Romanesque Cathedral, walled graves of Franconian Kings from the 6th century – the legendary Merovingians – and finally the remains of a Roman settlement dating from between the 1st to the 4th century. There are cobbled streets upon which the Roman legions marched and wells for the townsfolk of a city which was not Cologne; it was called *Colonia Claudia Ara Agrippinensium. Colonia* was the Roman word for colony and was the highest distinction Ancient Rome would give to a town. As you can guess, this *Colonia,* which was originally a title, not a name, became Cologne. This cathedral contains more than one thousand years of history.

✣ ✣ ✣

Schwerelose Konstruktion: Der Innenraum des Kölner Domes sprengte alle Dimensionen gotischer Bauwerke. ◈ The interior of the cathedral breaks all previous records for the dimensions of Gothic churches.

5.

Teuflische Verführung – das Ende eines Genies

Evil Temptation – The Death of a Genius

Das gefürchtete Genie: Dombaumeister Gerhard. ◈ The redoubtable magician: Master Gerhard.

Ein Kunsthistoriker hat einmal scherzhaft bemerkt, Chartres wäre eigentlich keine Kirche, sondern nur das Gerüst für die vielen Fenster. Ein Satz, der auf den Kölner Dom in einem sehr viel größerem Maße zutrifft als auf die berühmte französische Kathedrale. Im Vergleich zum Kirchenschiff in Chartres ist die Halle der kölnischen Kirche viel, viel heller. Salopp formuliert sind die Kathedralen der

An art historian once jokingly remarked, "Chartres is not really a cathedral; it is just a frame upon which to hang its many windows." This remark would have been better applied to Cologne Cathedral than to this famous French church. In comparison to Chartres's nave, Cologne's is infinitely lighter. Figuratively speaking, cathedrals of the High Gothic era are like long, thin glass boxes. Structurally, it is specific to Gothic cathedrals that their weight is born by pillars, while flying buttresses on the outside of the buildings resist lateral forces. This design requires no load-bearing walls, meaning that there is space for huge windows. The structures were also less bulky than their Romanesque predecessors. Once this was combined with the standardized production methods used for example at Amiens, it led to rapid progress in building construction.

✣ ✣ ✣

The Chief Architect – The Redoubtable Magician

By 1260, 12 years after construction on Cologne Cathedral began, the chancel of the new cathedral already towered over the rest of Cologne's houses. By this time, Gerhard

Herr aller Gewerke: Die Baumeister der Gotik waren Universalgenies, verfügten über das gesamte Wissen ihrer Zeit. ◈ A master of all crafts – the Gothic architect was a universal genius who had knowledge of all contemporary disciplines his disposal.

Hochgotik schmale, langgezogene „gläserne Kisten". Spezifisch für die Konstruktion gotischer Kathedralen ist, dass die Kräfte, die auf dem Bauwerk lasten, durch die Pfeiler und das seitliche Strebewerk abgeleitet werden. Es ist eine Konstruktion, die auf tragende Mauern verzichten kann. Diese Architektur schafft Platz für riesige Fenster, sie hat deutlich weniger Masse als die „Kirchenburgen" der Romanik. Verbunden mit der Verwendung standardisierter Bauteile wie in Amiens beispielsweise, erlaubt diese Bauweise ein rasches Fortschreiten der Konstruktion.

✣ ✣ ✣

Der Baumeister – das gefürchtete Genie

1260, zwölf Jahre nach Baubeginn, überragt der Chor des neuen Doms bereits die Dächer der angrenzenden Häuser. Vielleicht träumt Gerhard als Mittfünfziger sogar davon, dass er die feierliche Einweihung „seines" Chores noch miterleben darf. Dafür, dass die Bauarbeiten so rasch voranschreiten, belohnt ihn das Domkapitel sogar mit

was roughly in his mid-fifties. Perhaps he allowed himself to dream he might live to see the formal consecration of his chancel. Because his builders progressed so rapidly with construction, the cathedral chapter rewarded Gerhard with the lease of a plot of land. Gerhard had made a name for himself and had become one of the biggest architects of his time. He earned a lot of money – as much as several master craftsmen: he was 'set for life', so to speak. Gerhard's construction site was like a village inside the city. Over 300 people worked there. Together they formed a well-organised team, much more modern perhaps than one would expect from the Middle Ages ... Bad accidents occurred extremely rarely; "skilled workers were too valuable to fall from the scaffolding by the dozen", says Barbara Schock-Werner. Throughout her studies of building construction in the Middle Ages, she has never come across a documented fatal injury. The cathedral's speedy construction was indeed gratifying for Gerhard and his staff, but not unexpected: it was the result of good preparation and efficient planning. But the common people in the streets of Cologne saw it quite differently. For many of them the smoke of the open fires, the bizarre machinery, and the

enormous frame - which towered towards the sky and delved deep into the earth - were simply eerie. The building grew quickly, 'too quickly', whispered people in the narrow alleyways of Cologne. There were suspicions of sorcery, the Devil's handiwork, even talk of a pact with the Devil. Had Gerhard sold his soul to Satan in order to get help with the cathedral?

The demonization of chief architects extended throughout the medieval period but, because Gerhard was one of the most prominent architects of the Middle Ages, the public's suspicions were more pronounced. His intellect and knowledge were beyond the grasp of ordinary people. Was his genius inspired by God or fuelled by Satan? Barbara Schock-Werner explains: "People found intellectual giftedness hard to deal with and so assumed there was some kind of supernatural power behind it, or even the Devil."

One day, in the year 1271, Gerhard scaled the main scaffolding of his cathedral, like he had done so many times before. By now the wall of the chancel stood at almost 20 m high: he had to climb up more than 60 rungs on a ladder to reach the top. He went through his customary routine. Perhaps he checked the quality of the stonework

Links: Der Bauplan des Domes: Er diente als Vorlage für die Vollendung des Domes – getreu den Vorstellungen der mittelalterlichen Baumeister. ◈ Left: The construction plan of the cathedral served as a template for the finished structure and was conceived by the chief architect.

einem großen gepachteten Grundstück. Gerhard macht Karriere, gilt in der Zeit der Hochgotik als einer der größten Baukünstler. Er ist Großverdiener, er verdient das Mehrfache eines Handwerksmeisters; damit hat er – wie man so schön sagt – ausgesorgt. Gerhards Dombaustelle ist so etwas wie ein eigenes Dorf innerhalb der Stadt, über 300 Menschen arbeiten hier. Ein wohlorganisierter Mechanismus, moderner vielleicht als man es von einem mittelalterlichen Betrieb erwartet. Schwere Unfälle sind die absolute Ausnahme. „Gelernte Handwerker waren viel zu kostbar, um reihenweise vom Gerüst zu fallen" - in ihren Studien mittelalterlicher Bauhütten ist Barbara Schock-Werner nicht ein einziger tödlicher Unfall untergekommen.

Für Gerhard und den Stab seiner Handwerksmeister ist der schnelle Baufortschritt zwar erfreulich, aber durchaus absehbar. Er ist das Ergebnis guter Vorbereitung und effizienter Planung. Die einfachen Menschen in den Straßen Kölns sehen das ganz anders. Vielen ist die Großbaustelle mit ihren rauchigen Suppenküchen, bizarren Maschinen, gewaltigen in den Himmel ragenden Gerüsten und in den Höllengrund führenden Leitern, schlichtweg unheimlich. Das Bauwerk wächst schnell, zu schnell, so raunt man in den engen Gassen von Köln. Von Magie, von Teufelswerk

Planung im Alleingang: Zwei Jahre brütete Meister Gerhard über den Plänen der Kölner Kathedrale. ◆ The design was a solo effort: Master Gerhard worked alone on the drawings for Cologne Cathedral for over two years.

Ein Bund mit dem Satan: So sehr fürchteten viele Bürger Kölns den Baumeister, dass sie ihm sogar einen Pakt mit dem Teufel zutrauten. ◈ A pact with the Devil: the people of Cologne were so afraid of Master Gerhard that they suspected him of having sold his soul to Satan.

ist die Rede, gar von einem Teufelspakt: Hat Gerhard seine Seele dafür versprochen, dass ihm der Teufel beim Bauen hilft?

Die Dämonisierung der Baumeister zieht sich durch die ganze Epoche der Gotik, doch Meister Gerhard ist nicht nur einer der prominentesten mittelalterlichen Vertreter seiner Zunft, bei ihm ist diese Legende auch am lebendigsten. Im Empfinden seiner „normalsterblichen" Zeitgenossen streben Gerhards Geist und sein Wissen viel zu hoch. Ist es göttliche Inspiration oder teuflische Unterstützung? Barbara Schock-Werner: „Man konnte mit Hochbegabungen schwer umgehen und vermutete dahinter oft irgendwelche übernatürlichen Kräfte oder gar den Teufel." An einem Tag im Jahr 1271 geschieht es! Gerhard erklimmt wie so oft das Hauptgerüst seines Domes. Fast 20 m hoch ragen die Chormauern mittlerweile in den Himmel, mehr als 60 Sprossen muss er hinaufsteigen. Reine Routine, vielleicht prüft er mit seinem Lot die Qualität der Maurerarbeiten oder die Anbringung neuer Gerüste - wie es genau geschah weiß heute niemand mehr. Der erfahrene Baumeister verliert plötzlich den Halt und stürzt in den Tod. Vielleicht ist es ein Schwächeanfall, eine schlampig gesi-

with his plumbline, inspected the attachment of new scaffolds. No one knows anymore how it happened, but the experienced architect somehow lost his footing and fell to his death. Perhaps he suddenly felt faint, or he stepped on a badly fastened scaffolding plank, or it was the result of an inexcusable moment of recklessness. "The Devil pushed him from the scaffolding", said the people of Cologne afterwards. Today there is a whole host of legends which have entwined themselves around Gerhard's death and his supposed pact with the Devil. At the same time, it must not be forgotten that many of these ghoulish tales were first formulated long after his demise, mostly in the 18th and 19th centuries. The death of Gerhard, the great architect and artist, seemed to dampen the mood on the construction site, which was arguably the biggest in Germany. Yet still no one in Cologne doubted that their cathedral would be finished in a few decades. However, they were completely mistaken.

✣ ✣ ✣

Im Dunkel der Geschichte: Niemand weiß ganz genau, wie es zum Todessturz Meister Gerhards kam – unzählige Legenden ranken sich um ihn. ◈ Lost in the depths of history: no one really knows how Master Gerhard died, but countless legends have emerged to explain his mysterious death.

cherte Gerüstbohle oder unverzeihliche Leichtsinnigkeit. Der Teufel habe ihn vom Gerüst geschubst, dichtet später der Kölner Volksmund. Heute rankt sich ein ganzer Legendenkranz um Gerhards Todessturz und seinen vermeintlichen Teufelspakt. Dabei darf man jedoch nicht vergessen, dass die meisten dieser schaurigen Geschichten erst sehr viel später, nämlich im 18. und 19. Jahrhundert entstanden sind.

Mit dem großen Architekten und Künstler scheint auch das Glück die damals wohl größte Baustelle Deutschlands verlassen zu haben. Doch noch bezweifelt niemand in der Stadt am Rhein, dass ihr Dom in einigen Jahrzehnten fertig gestellt sein wird. Heute wissen wir, dass diese Zuversicht unbegründet war.

✣ ✣ ✣

Opfer dunkler Mächte: Der Teufel hätte Gerhard vom Gerüst geschubst – nach Gerhards Tod beginnt die Legendenbildung. ◈ A victim of dark magic: after his demise, the legend began that Gerhard was pushed from the scaffolding by the Devil.

Ein gläsernes Gebäude: 10.000 m^2 Fensterfläche – gotischer Rekord. ◈ A building of glass: 10,000 m^2 of windows – a Gothic record.

6.

Vom „Himmel auf Erden“ zum Abrissobjekt

From 'Heaven on Earth' to Ruin

Unfall oder Teufelswerk? Nach Gerhards Todessturz scheint ein Fluch auf seiner Baustelle zu liegen. Dabei hatte alles so vielversprechend begonnen: Bereits 1265 war der Kapellenkranz um den Chor bis hoch in die Gewölbe gemauert. 1277 weihte der Bischof und berühmte Gelehrte Albertus Magnus den Altar der Domsakristei ein. Doch dann geht es nur noch schleppend weiter. Die Weihe des Chores erfolgt am 27. September 1322 – 74 Jahre

Gerhard's death, whether accidental or caused by the Devil, seemed to put a curse on the cathedral, just when everything had begun to look so promising: the radiating chapels had been built as high as the vaults. In 1277 the Bishop and renowned scholar Albertus Magnus blessed the cathedral sacristy. But from then on things moved sluggishly. The chancel was consecrated on 27th September 1322, 74 years after the first stone was laid.

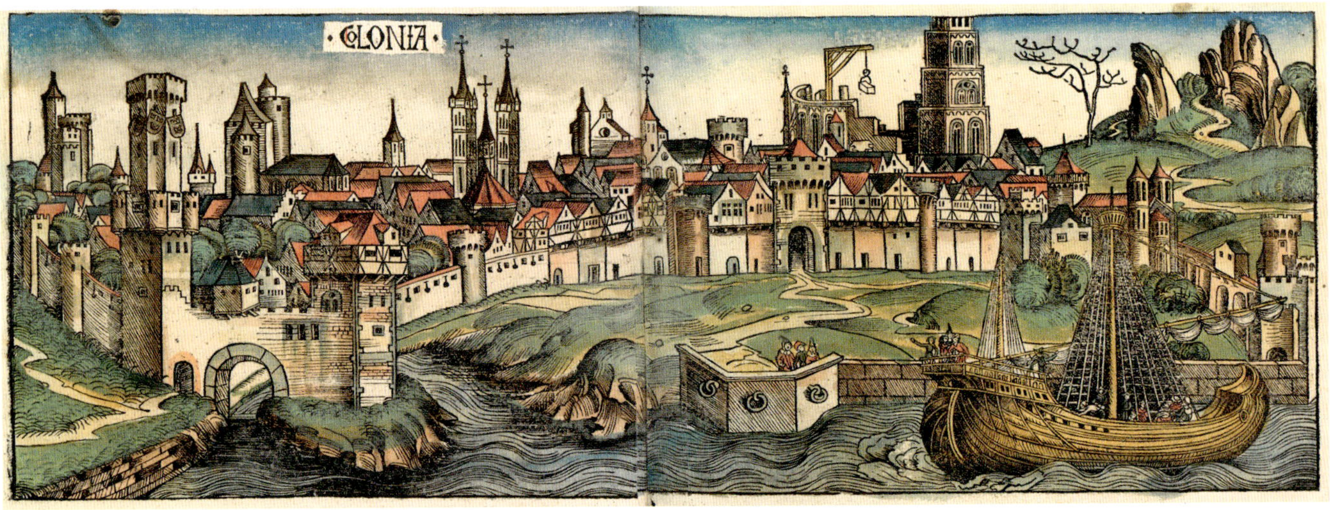

Kölns mittelalterliche Skyline: Deutlich erkennbar der unvollendete Dom mit dem „ewigen Baukran“. ◈ Cologne's medieval skyline: the unfinished cathedral was clearly recognisable with a crane positioned perpetually in its centre.

Eine ewige Baustelle – oder eine Baustelle der Ewigkeit. Die Bauarbeiten für den Kölner Dom quälen sich durch die Jahrhunderte. ◈ An eternal structure, or a building which takes forever to construct? Builders have toiled for centuries on Cologne Cathedral.

nach Grundsteinlegung. Verglichen mit der Geschwindigkeit, mit der viele der gotischen Großkirchen fertiggestellt wurden, ist das eine langsame Gangart. Es fehlt an Mitteln für den kontinuierlichen Weiterbau. Fast scheint es so, als hätten sich Domkapitel und Bischof an diesem Riesenbauwerk verhoben. Erst 1389, also 120 Jahre nach Baubeginn, ist der Bau des Langhauses soweit fortgeschritten, dass dort auch Gottesdienste gehalten werden können. Doch von der Fertigstellung dessen, was Gerhard sich als „seinen“ Dom vorgestellt hat, ist dieses eher fragmentarische Bauwerk noch Generationen entfernt. Und wieder vergeht ein Jahrhundert ohne nennenswerten Fortschritt. Um 1500 folgt schließlich die Grundsteinlegung des Nordturmes.

Das letzte historische Highlight, das in den Annalen der unvollendeten Riesenkathedrale verzeichnet ist, ereignet sich am 5. Januar 1531. Das Innere des Domes erstrahlt in festlichem Glanz, die Großen des Heiligen Römischen Reiches Deutscher Nation haben sich um den Schrein der Heiligen Drei Könige versammelt. Festlicher Anlass ist die Wahl Ferdinand I. zum deutschen König. Ferdinand ist der Bruder Kaiser Karls V., des vielleicht mächtigsten

Compared to the speed at which many Gothic churches were built, this was a very measured pace. There was a lack of funding for further construction: it seemed as though the bishop and the cathedral chapter had financially overstretched themselves. It was not until 1389 – 120 years after construction began – that work had progressed enough upon the nave for church services to be held there. But the completion, as Gerhard had conceived it, of this rather fragmentary building was still generations away. Another century went by without any noteworthy developments on the building. Then, in 1500, the first stone was laid in the North Tower.

The last historical highlight recorded in the annals of the incomplete cathedral took place on 5th January 1531. The interior of the church shone with celebratory brilliance, because all the major representatives of the Holy Roman Empire from Germany gathered around the shrine of the Three Kings. The cause for celebration was the election of King Ferdinand I as designated successor to the title of King of the Romans. He was the brother of Emperor Charles V, arguably the most powerful monarch in the history of the Habsburg dynasty. His kingdom, with all

Monarchen in der uralten Geschichte der Habsburger. Sein Reich mit allen Kolonien und überseeischen Besitzungen ist so gewaltig und weltumspannend, dass in ihm bekanntlich „die Sonne nie unterging". Der Dom ist „Wahllokal" der Fürsten des deutschen Reiches. Ferdinands Wahl ist ein formalpolitischer Akt, gesalbt wird er im Aachener Dom, der traditionellen Krönungskirche des Reiches, nicht in diesem Provisorium der Kölner.

Ferdinand ist der Enkel Kaiser Maximilians, den man den „letzten Ritter" nennt. Sein Tod 1519 markiert das Ende einer Epoche: Die mittelalterliche Welt mit ihren Vorstellungen und Gesetzen, Ritualen und Werten ist dem Untergang geweiht. Auch die Bautätigkeit am Dom kommt in dieser Zeit zum Erliegen. Aus dem Jahr 1528 stammt die letzte Baunachricht. 280 Jahre nach Baubeginn wächst allmählich der Zweifel daran, ob es sich überhaupt lohnt, den Dom fertigzustellen. Im Zeitalter der Renaissance ist die Gotik out, als Stil hoffnungslos veraltet. Der gewaltige Gottestempel passt nicht zur Philosophie der Reformation. Pilgern ist ebenfalls aus der Mode gekommen, Reliquienwahn und Ablasshandel werden von den Reformatoren, allen voran Martin Luther, heftig kritisiert. Keine Pilger – kein Geld, so lautet die einfache Formel. Die Idee, in Köln die größte gotische Kathedrale der Welt zu voll-

of its colonies and territories overseas, was so enormous it was nicknamed 'the Empire upon which the sun never sets'. The cathedral was chosen as a 'polling station' for the electors and nobles of the Holy Roman Empire. Ferdinand's election was a formal political act; he was anointed in Aachen Cathedral, the traditional royal church for the empire, not in Cologne's makeshift cathedral.

Ferdinand was the grandson of King Maximilian I, the so-called 'last chevalier'. His death in 1519 signified the end of an epoch: the medieval world with its beliefs and laws, its rituals and values, began to collapse. The last piece of information regarding the cathedral comes from the year 1528.

280 years after the commencement of construction on Cologne Cathedral, there were doubts as to whether it would be ever be worthwhile to complete the building. The Renaissance had arrived and the Gothic style was no longer fashionable: it was branded obsolete. Neither did Cologne Cathedral suit the Reformation philosophy. Pilgrimages were no longer in vogue, while collecting relics and selling indulgences was heavily criticised by the Reformation, following the teachings of Martin Luther. No pilgrims meant no money: a simple fact. The impetus behind creating the largest Gothic cathedral in the world was lost and con-

Mangel an Geld oder der Wandel des Zeitgeschmacks – im 16. Jahrhundert kommen die Bauarbeiten zum völligen Erliegen. ◈ A lack of funding and a change of contemporary tastes – in the 16th century, work on the cathedral finally came to a standstill.

Das himmlische Jerusalem als Bauruine – Der Dom wird zum ewigen Provisorium. ◈ Heavenly Jerusalem becomes a ruin – the cathedral seems destined to forever be an incomplete, makeshift church.

enden, wird aufgegeben, die Bautätigkeiten werden eingestellt. Der Kölner Dom bestimmt als unfertiger Bau über 300 Jahre das Stadtbild Kölns. Oben auf dem Südturm „thront" ein Baukran aus dem 14. Jahrhundert. Die Kölner frotzeln schon, dass, wenn der Dom einmal fertig sei, die Welt untergehe. Schließlich werden sogar die Instandsetzungsarbeiten am Dom eingestellt, Kölns Kathedrale wird zur Bauruine. Mit der gleichen grausamen Konsequenz, mit der sich die Vernichtungsmaschine der Französischen Revolution durch die Reihen des verhassten Adels frisst, zerstört ihre „Grande Armée" beim Eroberungszug durch Europa alles, was jahrhundertelang hoch und heilig war. Kirchenbauten als „Monumente der Mächtigen" provozieren schließlich auch die siegreichen Truppen Napoleons.

struction on the building finally ceased. Cologne's skyline was dominated by an unfinished cathedral for over 300 years. A crane from the 14th century hung perpetually over the South Tower. The people of Cologne joked that once the cathedral was finished the world would end.

When restorers were finally hired to resume work on the cathedral, the building was a ruin. It had befallen the same fate as many of the other aristocratic buildings devastated by ferocious crowds during the French Revolution. It was partially destroyed during the Grande Armée's campaign of conquest throughout Europe which laid waste to many ancient, sacred buildings. Churches particularly infuriated Napoleon's triumphant troops, for they were seen as monuments of the powers that be. The 6th October 1794 marked their successful invasion of Cologne, which then

Vom Gotteshaus zum Gefangenenlager: Die französischen Besatzungstruppen bringen ihre Gefangenen im Dom unter – das Innere der Kathedrale wird fast völlig zerstört. ◈ From house of God to prison camp: the French occupying troops kept their captives inside the cathedral and the interior was almost completely destroyed.

Ihr Einmarsch in Köln erfolgt am 06. Oktober 1794, die Stadt wird französische Besatzungszone. Zuvor hatten die Domherren wenigstens den Dreikönigenschrein und den Kirchenschatz in Sicherheit bringen können, doch für den Dom gibt es kein Entkommen. Ab 1796 verbieten die Besatzer Gottesdienste in der halbfertigen Kathedrale. Anschließend werden ihre heiligen Hallen zum Gefangenenlager oder Pferdestall umfunktioniert. Um nicht zu erfrieren, verheizen die Inhaftierten das Domgestühl in offenen Feuern. Alles, was auch nur im Entferntesten wertvoll erscheint, wird gestohlen und verschleppt.

Die Bausubstanz des Doms ist schließlich so marode, dass ernsthaft über Abriss oder Sprengung diskutiert wird.

became a French occupied zone. Before this occurred, the Church Elders managed to secure the shrine of the Three Kings and some of the cathedral's treasures, but for the cathedral itself there was no escape. From 1796 the congregation was banned from worshipping in their half-finished cathedral by the occupying forces. Their holy hall was used as a detention camp or a stable for horses. So as not to freeze, the detainees inside the cathedral used the pews to make open fires inside the nave. Everything that looked remotely valuable was stolen and taken away.

The cathedral was so eroded that a demolition or even a blasting operation was seriously considerated, similar to the fate of the Abbey of Cluny in France. But the building

Ein Schicksal, das beispielsweise die französische Abtei von Cluny ereilte. Doch der Dom wird verschont. Neben Gründen der Pietät gegenüber einem Gotteshaus mag auch die Frage eine Bedeutung gehabt haben, wie und wohin entsorgt man den Bauschutt?

In dieser Zeit werden zahllose Kirchen und Klöster in Köln aufgehoben, „säkularisiert“, verweltlicht, sie verlieren ihre „heilige“ Funktion als Gotteshäuser und damit ihren Schutz. In beispielloser Barbarei werden viele Sakralbauten zerstört, ein unwiederbringlicher kunsthistorischer Verlust. Die Revolutionstruppen wüten so hemmungslos unter den historischen Baudenkmälern Europas, dass nach ihrer endgültigen Niederlage zum ersten Mal laut über die Einführung eines amtlichen Denkmalschutzes nachgedacht wird.

1814 verlassen die Truppen Napoleons Köln, sie flüchten vor dem sich nähernden Heer der Preußen. Ausgerechnet das protestantische Preußen wird sich als Retter des katholischen Kölner Domes erweisen.

✣ ✣ ✣

was spared. Besides the cathedral's sanctity, the question of where and how to dispose of the building rubble, should the cathedral be demolished, was an important consideration.

On 9th July innumerable churches and monasteries in Cologne were rescinded, secularised, lost their status as religious buildings and because of this, their protection. In an act of unprecedented barbarity, many sacred buildings were destroyed: an irretrievable loss to the art history world. The revolutionary troops rampaged so unscrupulously throughout the buildings of Europe that after their eventual defeat, it was loudly demanded that an official method of protecting historically significant buildings be established.

In 1814 Napoleon's troops left Cologne, fleeing from the approaching Prussian army. It is ironic that the Protestant Prussians would turn out to be the saviours of this Catholic cathedral.

✣ ✣ ✣

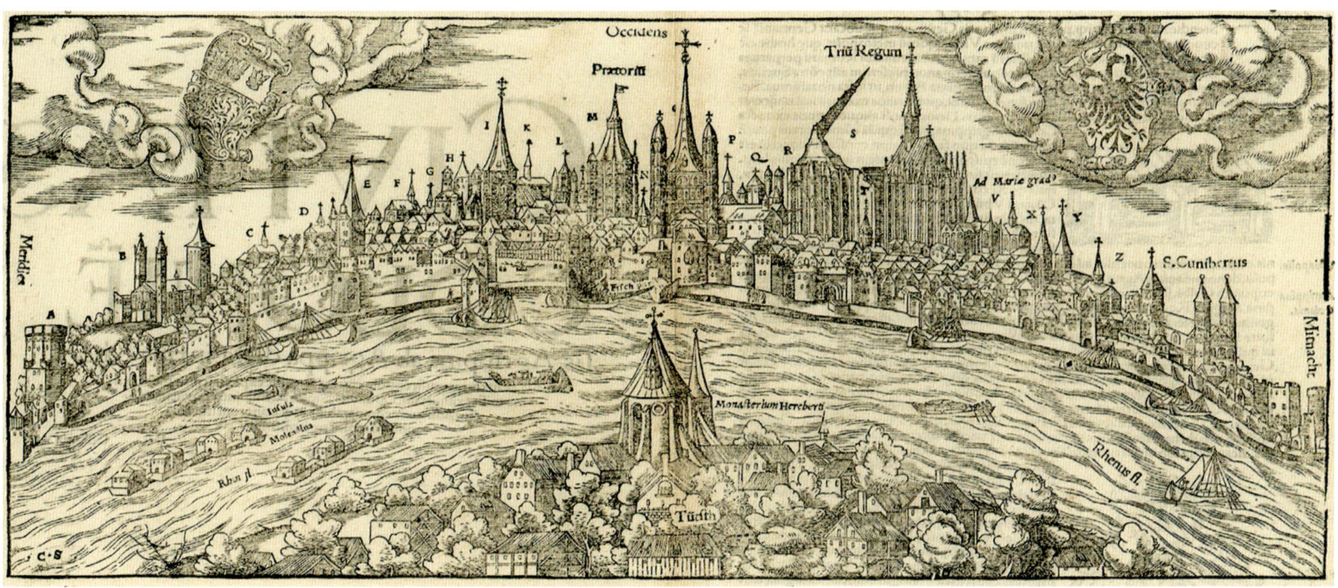

Die Unvollendete: Wenn der Dom fertig wird geht die Welt unter – so witzelt man in Köln schon seit Jahrhunderten. Die Baustelle wird zum markanten Wahrzeichen der Stadtsilhouette. ◈ A never-ending construction: people joked that once Cologne Cathedral was completed, the world would end. The construction site with the crane on top becomes a permanent feature of the city's skyline.

7.

Von einer Vision zur Realität: Preussen rettet den Dom

From Vision to Reality: The Prussians Save the Cathedral

Am 4. Januar 1804 kehrt der Dreikönigenschrein nach Köln zurück - der Dom befindet sich inzwischen in einem erbarmungswürdigen Zustand. Doch die Schmach der napoleonischen Siege hatte in Deutschland zu einem Umdenkungsprozess geführt. Das Land der Deutschen war ein politischer Flickenteppich mit Hunderten von Klein- und Kleinststaaten. Dem mittelalterlichen Konzept des Heiligen Deutschen Reiches als lockerem Staatenbund steht nun die Idee einer geeinten deutschen Nation gegenüber. Literatur und Malerei entdecken das Mittelalter, verherrlichen es als „ruhmreiche Epoche der Deutschen". Caspar David Friedrich, der große Maler der Romantik, malt seine Abtei im Eichenwald und auch Kölns unvollendete Kathedrale wird zum beliebten Motiv romantischer Malerei.

Am 20. November 1814 fordert Joseph Görres im „Rheinischen Merkur" den Weiterbau des Domes. Im selben Jahr wird eine Hälfte des großen Fassadenplans wiederentdeckt. Es ist ein Original, das vom zweiten Nachfolger Gerhards, vom Dombaumeister Arnold stammt. Zwei Jahre später taucht in Paris die zweite Hälfte auf. Für diejenigen, die den Dom vollendet sehen wollen, ist diese spektakuläre Entdeckung wie ein Zeichen. Aus der anfänglichen Sympathie wird eine Bewegung, schließlich ein Sturm.

Der Dom wird zum Symbol der Deutschen Nation - zur Hohen Kirche aller Deutschen. Fördervereine sam-

On 4th January 1804 the Shrine of the Three Kings returned to Cologne, but the cathedral was in a pitiful state.The humiliation of their defeat to France led to a period of reflection amongst the German people. At this time Germany was a patchwork of many small states and people found themselves once again confronted with the medieval idea of forming a loose confederation of states called the German Empire out of all its disparate nations. Literature and paintings celebrated the Middle Ages as the 'splendid epoch of the Germans.' Caspar David Friedrich, the greatest painter of the Romantic period, painted The Abbey in the Oakwood, others used Cologne's unfinished cathedral as inspiration and suddenly it became a popular motif in Romantic art. On 20th November 1814 Joseph Görres called for the reconstruction of the cathedral in the newspaper 'Rheinischer Merkur'. In the same year, one half of the original medieval plan for the building was rediscovered. It was an original drawing by the chief architect Arnold, the second successor to Gerhard. Two years later, the second half of the drawing surfaced in Paris. For those who campaigned for the cathedral's completion, these spectacular discoveries seemed like a sign. Initial approval for the re-building of the church gathered momentum until it gained massive support.

The cathedral became a symbol of the German Nation: the largest church in the whole of Germany. Societies who

Heilige wachen über den Portalen. ◈ The holy guards above the entrances.

Das mächtige Westportal erreicht eine Höhe von 28 m. Insgesamt hat der Dom zwölf Eingänge – wie das Himmlische Jerusalem. ◈ The mighty West entrance reaches a height of 28 m. Altogether, the cathedral has twelve entrances, just like Heavenly Jerusalem.

meln Geld und der preußische König Friedrich Wilhelm IV. vollzieht 1842 den administrativen Akt zur Fertigstellung des Kölner Domes. Er stellt zudem die Hälfte der benötigten Mittel zur Verfügung. Private Spenden, vor allem aber die Mittel des frischgegründeten Zentral-Dombau-Vereins, schließen die Finanzierungslücken. Das Land erlebt die Wiederauferstehung einer grandiosen Idee! Der Dom soll sozusagen neu erschaffen werden, sehr nah an den Visionen seines ursprünglichen Schöpfers.

✣ ✣ ✣

campaigned for the cathedral's re-construction raised money and the Prussian King Friedrich Wilhelm IV implemented an administrative act for the completion of the cathedral. He supplied half of the required funding for the build and the rest of the financial backing came from the newly-established 'Central Cathedral Construction Committee', and from donations. It was the resurrection of a grandiose idea!

The cathedral was to be re-created, so to speak, and in a form as close to the vision of its first architect as possible.

✣ ✣ ✣

Was im Mittelalter das Werk mehrerer Generationen war, wird im 19. Jahrhundert innerhalb weniger Jahrzehnte vollbracht. Der Dom 1824, 1851 und 1854. ◈ A task which in the Middle Ages would have taken generations could be achieved within a couple of decades in the 19th century. The cathedral in 1824, 1851 and 1854.

Hightech meets Mittelalter

Doch der neue Dom wird auch ein Werk seiner Zeit. Es ist eine Epoche im Aufbruch, in der alles möglich scheint, in der die ersten Schlote rauchen, Stahl geschmolzen wird und mächtige Dampfmaschinen gebaut werden. Der Dom erscheint nun als eine faszinierende Synthese, die das Modernste und Beste dieser Epoche mit der mittelalterlichen Idee der Gotik vereint. Hightech meets Mittelalter:

High tech meets the Middle Ages

The cathedral was also a building of the 19th century. It was constructed in a period of industrial innovation, where everything seemed possible: the first smokestacks were lit, steel was melted and powerful steam engines were built. This made the cathedral a fascinating synthesis of the height of 19th century modernity and invention combined with the medieval Gothic aesthetic. High tech met the Middle Ages: steam-powered lifting machines and ultramodern scaffolding structures were used to construct a monument designed in the medieval era. The man who inherited the great Gerhard's architectural legacy was Ernst Friedrich Zwirner. He did not see himself as merely following in the footsteps of his great predecessor, but instead as a new interpreter of the past. He was essentially a Gothic architect with modern construction methods and materials at his disposal. Moreover, Zwirner was a fighter. Under its 12,000 m² of roofing which comprises of 600 tonnes of lead, the cathedral is a wonder of architectural achievement. From the time of its completion until the construction of the Eiffel Tower in 1899, Cologne Cathedral's iron roof trusses were the largest steel structures in the world, much to the distaste of the leaders of Cologne. Zwirner's compelling argument was that iron did not burn, however his opposition demanded that the replica be as close to the original as possible, and that meant using wood. They reproached him for laying too much emphasis on industrial progress and eventually a bitter debate in the newspapers followed. But Zwirner came out victorious and later, after World War II, most of Cologne was thankful for Zwirner's tenacity.

In 1863 the interior of the cathedral was completed. The partition between the chancel and the nave was dismantled after 560 years. From 1863, the Western facade of the cathedral underwent construction.

In 1860 the cathedral, after over 50 years under construction, was finally finished. It was true to the plans of the medieval architects and to the surviving drawing of the exterior of the building from 1280. However, the exterior of

Dampfbetriebene Hebemaschinen, nie gesehene Gerüstkonstruktionen, die Maschinerie der Moderne im Dienste eines im Mittelalter geplanten Monuments.

Der Name des Mannes, der das Erbe des großen Gerhards antreten wird, ist Ernst Friedrich Zwirner. Dieser sieht sich nicht als „Zwerg auf den Schultern eines Riesen“ sondern als Neuschöpfer. Er ist es, der die Architektur der Gotik mit neuen Konstruktionsmethoden und Materialien kombiniert. Und Zwirner ist ein Kämpfer.

Unter den 12.000 m^2 Dachfläche des Domes mit ihren 600 t Blei verbirgt sich ein Weltwunder. Zumindest zum Zeitpunkt seiner Errichtung, denn bis zur Fertigstellung des Eiffelturms 1899 ist der eiserne Dachstuhl des Domes die größte Stahlkonstruktion der Welt - und leider auch eine superlative Geschmacksverirrung in den Augen der konservativen Kräfte in Köln. Zwirners zwingendes Argument ist vor allem die Tatsache, dass Eisen nicht brennt, seine Gegner fordern jedoch einen möglichst "werkgetreuen“ Nachbau - also traditionell aus Holz. Sie werfen ihm Fortschrittsgläubigkeit vor, bestreiten in den Gazetten bittere Debatten. Doch Zwirner gewinnt - und spätestens nach dem Zweiten Weltkrieg sind ihm die meisten Kölner dankbar für seine Hartnäckigkeit!

1863 ist das Innere des Domes vollendet. Die Trennwand zwischen Chor und Langhaus fällt nach 560 Jahren. Ab 1863 wird an der Westfassade weitergebaut.

1880 ist der Dom nach über 600 Jahren vollendet, getreu den Plänen der mittelalterlichen Dombaumeister und dem erhaltenen Fassadenplan aus der Zeit um 1280. Allerdings sind die Fassaden des Querhauses eine Neuschöpfung des 19. Jahrhunderts, da von ihnen keine mittelalterlichen Pläne erhalten sind.

Die Vollendung des Domes wird am 15. Oktober 1880 mit einem Fest gefeiert, das Kaiser Wilhelm I. natürlich als Bühne für das neue Kaiserreich und für sich selbst als gekröntes Staatsoberhaupt ausgiebig nutzt. Dass die Spitzen der Domtürme noch eingerüstet sind, tut der Freude keinen Abbruch. Auf den eilig gedruckten Postkarten, die zur Feier des Tages in alle Welt verschickt werden, werden die Gerüste wegretuschiert.

Der „Dicke Pitter“, die Petersglocke. ◈ ‚Fat Pete‘: the Bell of St. Peter.

the transept is a creation from the 19th century, as no medieval designs of this section of the cathedral were recovered.

The cathedral was completely finished on 15th October 1880 and the celebration was attended by Kaiser Wilhelm I. He used it as an opportunity to extol the new German Empire, of which he was the crowned Chief of State. Even though the spires were still surrounded by scaffolding, this did not dampen the sense of elation on the day. Postcards were hastily printed, retouched to remove the scaffolding and then sent throughout the world to celebrate this mo-

Der Baukran gehörte jahrhundertelang zum Kölner Stadtbild, nun sind seine Tage gezählt. ◈ The crane inside Cologne Cathedral was part of the cityscape for hundreds of years: now its days were numbered.
Rechts: Das „deutsche Weltwunder" kurz vor der Vollendung. ◈ Right: Germany's Wonder of the World shortly before its completion.

Der Dom ohne Gerüst, das ist etwas ganz Seltenes in seiner fast achthundertjährigen Geschichte. Bereits wenige Jahrzehnte später – der Dom ist ja quasi noch ein Neubau – rollen die Gerüstbauer an. Der Dom braucht Hilfe, die Sünden seiner (Neu)Erbauer machen sich bemerkbar... und wieder wird der Dom zur Baustelle.

✣ ✣ ✣

mentous occasion. The cathedral without scaffolding! This was something which had seldom occurred in almost 800 years of its existence. But after a few decades the scaffolding was re-assembled. The cathedral needed help: the evils of its new builder were noticeable and it once more became a construction site.

✣ ✣ ✣

KÖLNER DOM.

Der eiserne Dachstuhl bewahrte den Dom im Zweiten Weltkrieg vor Zerstörung. ◈ The iron roof trusses prevented the cathedral's destruction during World War II.

Gotische Baukunst in höchster Vollendung und mit optimaler Verkehrsanbindung. ◈ The Gothic cathedral in a state of total completion - and with ideal traffic connections.

Blick in den Chor. ◈ A view of the choir.

AVE·MARIA·GR

8.

Die Sünden der Erbauer

The Evils of the Builders

Als Material für seinen „Ewigkeitsbau" wählt Meister Gerhard Trachyt vom Drachenfels im Siebengebirge. Aus baukonservatorischer Sicht eine gute Wahl: Trachyt ist ein Vulkangestein und enorm widerstandsfähig. Wir können getrost davon ausgehen, dass Gerhard und seine Bildhauer und Steinmetze auch ohne chemische Testreihen und Belastungstests wussten, was gut für ihren Dom war. Aber ebenso wichtig wie die Qualität des Steins war die Logistik. Die Steinbrüche des Siebengebirges lagen nah am Rhein, das gesamte Baumaterial konnte also per Schiff zur Baustelle gebracht werden. Damit stand die schnellste und preiswerteste aller Transportvarianten zur Verfügung.

Preußen und der Zentral-Dombauverein hatten den Traum von der größten Kathedrale der Deutschen Wirklichkeit werden lassen. Doch schon bald nach Fertigstellung stellt man fest, dass der Dom - prosaisch formuliert - auf „Sand gebaut" wurde. Denn anstelle des harten Trachyts hatten die „Erben" Gerhards weichen Tuffstein, eine Sandsteinart, verwendet.

So massiv der Dom auch auf dem ersten Blick wirken mag, so verletzlich ist er. Bereits 1904, zwei Jahrzehnte nach Vollendung, beginnt der Kampf gegen den Verfall. Bis zum Ausbruch des Zweiten Weltkrieges erneuert die Dombauhütte das gesamte Strebewerk am Chor des Domes.

Das Strebewerk ist das Sorgenkind der Dombaumeister. Dieses System von Stützen und Pfeilern, das die Kräfte, die auf dem Gebäude lasten, seitlich ableitet, ihm diese

Master Gerhard chose trachyte stone from the Drachenfels hill in the Siebengebirge mountain range as the building material for his 'eternal cathedral'. From a building conservationist's point of view, this was a good decision: trachyte is a volcanic rock and enormously durable. We can reasonably assume that Gerhard and his team of stone masons and builders knew which stones were good to use for the cathedral, even without using chemical analysis and load tests. But the logistics of transporting the stones was just as important as the quality of the materials. The quarries in the Siebengebirge were located near to the Rhine and all of the building materials were taken to the building site by ship. This was the quickest and cheapest of all possible transportation methods.

Prussia and the 'Central Cathedral Construction Committee' had managed to make the dream of creating the biggest cathedral in the world a reality. But only shortly afterwards it was discovered that the cathedral was built out of sand. Instead of using hard trachyte, the 'heirs of Gerhard' used soft tuff (a type of sandstone). Therefore, even though the cathedral appears so robust, it is extremely hazardous. In 1904, two decades after the completion of the cathedral, work began upon protecting it from collapse. Before the outbreak of World War II, the cathedral workshop replaced all of the buttresses on the outside of the chancel. These buttresses constitute the key problem in the eyes of building conservationists. The system of supports and columns which are designed to withstand and dissipate the lateral forces of the

Die Lebensadern des Domes: Die Baugerüste sind ein Zeichen dafür, dass der Dom gepflegt wird. ◈ The life line of the cathedral: the scaffolding is a sign that the building is being cared for.

für die Gotik so typische Filigranität verleiht, bietet den Schadstoffen eine riesige Oberfläche.

Der Vergleich von Tieren der Arktis mit ihren Vettern in den heißen Klimazonen zeigt es am deutlichsten: Je kälter das Klima, desto größer und kompakter sind die Körper derjenigen, die in ihm leben. Beste Beispiele sind die Eisbären oder die Kodiakbären aus Alaska. Entscheidend ist das Verhältnis von Volumen und Körperoberfläche. Eine vergleichbar geringere Körperoberfläche bedeutet weniger Angriffsfläche für die eisige Kälte. Tiere aus den heißen Zonen der Erde hingegen sind viel filigraner gebaut als ihre arktischen Verwandten. Je größer ihre Körperoberfläche, desto besser der Wärmeaustausch

Die gedrungenen Bauwerke der Romanik bieten weitaus weniger Angriffsfläche als die eleganten, schmalen, mit zahllosen Streben und Verbindungsstegen ausgestatteten Kathedralen der Gotik.

✣ ✣ ✣

building, and which were carved in an intricate style typical of medieval design, inadvertently provides a vast surface area which is prone to erosion by pollutants in the atmosphere.

The squat buildings from the Romanesque Period had less surface area that could be targeted by the weather than Gothic cathedrals, which were characteristically elegant, slender and adorned with numerous joints and stanchions.

✣ ✣ ✣

The Preservation of a Great Legacy

Today, the building workshop next to Cologne Cathedral comprises of around 60 geologists, craftsmen, engineers, architects and creatives who are seeking, under the leadership of the Dombaumeister, to conserve the cathedral for future generations. The structures and working practices in the workshop bear a strong resemblance to those of the Middle Ages. But unlike their medieval 'colleagues', the employ-

Hohe Kunst des Gerüstbaus: Der Erhalt des Doms ist eine ewige Herausforderung. Eine Gerüstkonstruktion hängt in über 100 Metern Höhe. ◈ The preservation of the cathedral is a time-consuming challenge and requires a scaffolding structure over 100 m high.

Die Bewahrer eines grossen Erbes

Heute beschäftigt Kölns Bauhütte direkt am Dom rund 60 Steinbegeisterte, Kunsthandwerker, Ingenieure, Architekten und Kreative, die unter der Regie des Dombaumeisters den Dom für zukünftige Generationen bewahren. Dabei ähneln Aufbau, Struktur, aber auch die Arbeit der Dombauhütte in verblüffender Weise denen des Mittelalters.

Doch anders als ihre mittelalterlichen „Kollegen" müssen sich die Mitarbeiter der Bauhütte heute mit einem

ees within the workshop must battle with a problem which is typical of our time. Imperceptibly, the highly acidic air is slowly eating away at the building. This means the outer layer of the cathedral must be replaced piece by piece: the tracery, buttresses, and stone ornamentation ... an endless task!

Although air contamination had already begun in the times of industrialization, pollution is a topic which is more pertinent today than ever before. Sulphur dioxide in the air combines with moisture in stonework, forming the corrosive agent sulphuric acid. The larger the surface area

Problem schlagen, das ein typisches Kind unserer Zeit ist. Es ist die säurehaltige Luft des Fortschritts, die dem Dom zu schaffen macht. Sie frisst ihn auf, unmerklich, aber unaufhaltsam. Stück für Stück wird das Außenkleid des Domes ersetzt, Maßwerk, Strebewerk, Ornamente aus Stein ... es ist ein ewiger Kampf!

Obschon die Luftverschmutzung seit den Zeiten der gewaltigen Dampflokomotiven und frühindustriellen Rußschleudern stetig zurückgegangen ist, stellt sie noch immer ein erhebliches Problem dar. Das Schwefeldioxid in der Luft verbindet sich mit Feuchtigkeit zu steinätzender Schwefelsäure. Je größer die Angriffsfläche des Gebäudes ist, desto größer sind die Schäden im Gestein. Schwefelsäure zerfrisst die Gesichter der Heiligen, die als Statuen an den Außenmauern des Bauwerkes wachen, sie zermürbt die tragende Konstruktion des Strebewerkes. Wer sich hoch droben auf die Dachgrate des Domgebirges begibt, kann ihn mit eigenen Augen sehen: angefressener Stein allerorten.

Für die Mitarbeiter der Dombauhütte ist es eine Sisyphusarbeit: Stein für Stein, Fiale für Fiale wird der alte weiche Tuffstein durch Oberkirchner Quarzit ersetzt, ein be-

of a building is, the greater is the damage done to the stone. Sulphuric acid is corroding the faces of the saints who keep watch over the outer walls of Cologne Cathedral and wearing down the load-bearing buttresses. Those who look upwards at the ridges of the church can see eroded stone everywhere, visible to the naked eye. For the craftsmen in the workshop it is a Sisyphean task: stone by stone, pinnacle by pinnacle, the soft tuff must be replaced with quartzite, which is an especially hard and weatherable material. The people of Cologne used to assert that once the cathedral was finished, the world would end, but given the perpetual nature of the cathedral's maintenance, there is no immediate danger of this saying coming true.

Almost every week, one of these pinnacles is replaced, or as the stone masons call it 'relocated', by a small ornate tower which is pre-built in the workshop. A veritable eternity: a team project which will span 500 years! The reconstruction is measured in centuries, not decades.

The huge scaffold which surrounds the stone work of Cologne Cathedral has become a constant feature of the building and it is almost impossible to imagine the cathedral without it. To the laity, the scaffold seems like a disfig-

Eine neue Fiale wird versetzt: Der Dom wird buchstäblich Stein für Stein erneuert. ◈ New pinnacles replace the old ones: the cathedral is literally being rebuilt, stone by stone.

Landmarke für die alliierten Bomber: Die Bomberpiloten orientieren sich an dem hochragenden Türmen des Domes. ◈ A landmark for the allied bombers: the pilots used the enormous towers of the cathedral as reference points for navigation.

sonders hartes und widerstandsfähiges Material. Wenn der Dom fertig ist, so die Kölner, geht die Welt unter - in Anbetracht dieser endlosen Arbeit besteht vorerst keine unmittelbare Gefahr. Fast jede Woche wird eine sogenannte Fiale, ein in der Bauhütte vorgefertigtes Ziertürmchen, ausgetauscht, „versetzt“ wie es die Steinmetze nennen. Sie wird Jahrhunderte halten, bis sie dann wiederum ersetzt wird. Eine Idee von Ewigkeit. Teamarbeit, die ein halbes Jahrtausend überspannt. Gedacht wird nicht in Jahrzehnten, sondern in Jahrhunderten.

Die riesigen Gerüste, die sich an die Steinhaut der Kölner Kathedrale schmiegen, sind gewissermaßen auch ein ewiges Phänomen, der gerüstfreie Dom ist undenkbar. Für Laien ist es eine Verschandelung, Dombaumeisterin Barbara Schock-Werner sieht das ganz anders: „Ich kann nur sagen, der Kölner Dom ohne Gerüste ist keine Wunschvorstellung, der Kölner Dom ohne Gerüste ist ein Schreckensvorstellung. Denn der Kölner Dom ohne Gerüst ist der Kölner Dom ohne Pflege - und das würde vielleicht nicht gleich im zweiten Jahr, aber doch in kurzer Zeit zur Sperrung des ganzen Geländes führen und zur Zerstörung dieser Kirche. Also die Gerüste sind sozusagen die Lebensadern aller unserer großen gotischen Kirchen.“

urement, but Barbara Schock-Werner, Dombaumeisterin, sees it in a completely different light: “I can only say that Cologne Cathedral without scaffolding is not something we should wish for; it is a terrible thought. The cathedral without scaffolding would mean it was no longer being cared for. This would lead to the closure of the whole area around the church and to its eventual destruction, perhaps not immediately, but in the near future. Scaffolding is thus the lifeline, so to speak, for all of our great Gothic cathedrals.” Scaffolding is also a permanent feature of the cathedral’s interior. Men and women stand or sit on the scaffolding, concentrating hard upon cleaning monumental figures and sweeping ornamentation with minute cotton-wool swabs.

✣ ✣ ✣

Maintenance - a permanent task

It initially seems like a hopeless task to try to preserve such a building. But without the continual, careful removal of pollutants and deposits, the colours used in the cathedral would have long since lost their lustre. Permanent main-

Und Gerüste gehören auch zum festen Inventar im Innern des Bauwerkes. Auf ihnen stehen und sitzen konzentriert blickende Männer und Frauen, die mit winzigen Wattebäuschen die monumentalen Figuren und mächtigen Ornamente des Domes reinigen. Auf dem ersten Blick erscheint dies wie ein Sinnbild einer verzweifelten Verteidigung auf aussichtslosem Posten. Doch ohne die kontinuierliche, vorsichtige Entfernung von Schmutzpartikeln und Ablagerungen hätten die Farben längst ihre Leuchtkraft verloren. Permanente Pflege ist der Preis dafür, dass 20.000 Menschen täglich den Dom besuchen - 20.000 Menschen, die atmen, schwitzen, Türen öffnen und schließen, Luft zirkulieren lassen. Die Alternative

tenance is the price that must be paid for the 20,000 people who visit the cathedral every day. These people breathe, sweat, open and close doors, and let air circulate around the building. The alternative would be to protect the entire cathedral under a hermetically sealed, enormous dome.

A Life for the Cathedral

Only 60 years after its final completion, the biggest disaster in its long history struck the cathedral. In the last two months of World War II the allied air forces obliter-

Das Wahrzeichen im Trümmermeer: Der Dom kurz nach dem Ende des Zweiten Weltkrieges. ◈ An emblem of hope amidst the rubble – Cologne Cathedral shortly after the end of World War II.

Die Armee der Retter: In mühevoller Kleinarbeit werden Malereien im Chor gereinigt, eine Sisyphusarbeit. ◈ An army of restorers must toil over painstaking work such as cleaning the paintings in the chancel: a Sisyphean task.

wäre ein Dom unter einer gewaltigen Käseglocke, hermetisch abgeschlossen.

✣ ✣ ✣

Ein Leben für den Dom

65 Jahre nach seiner Vollendung bricht die größte Katastrophe seiner Geschichte über ihn ein.

Die letzten Monate des Zweiten Weltkrieges: Flugverbände der Alliierten radieren deutsche Städte aus. Und

ated many German towns. Cologne also suffered greatly in the bombing raids. The cathedral was a target for their flying forces: it was hit 70 times but largely survived the attack unscathed. Workshop employees sat tight on the cathedral's roof, quenching the flames of burning bombs: they risked their lives to save the building. At the end of the war, the cathedral loomed like a gigantic monument over the endless wasteland of rubble which Cologne had become.

✣ ✣ ✣

auch Köln wird zum Ziel ihrer Bombenangriffe. Der Dom wird zur Landmarke der Bomberpiloten in ihren fliegenden Festungen. 70 Mal wird der Dom getroffen, doch er bleibt weitestgehend unzerstört. Mitarbeiter der Dombauhütte harren auf seinen Dächern aus, löschen Brandbomben, riskieren ihr Leben, um die Existenz dieses Bauwerkes zu retten.

Am Ende des Krieges ragt er wie ein gigantisches Mahnmal aus einem endlosen Trümmermeer, das einst seine Heimatstadt Köln war.

✣ ✣ ✣

Der Dom: Baustelle der Ewigkeit

Die gotischste aller gotischen Kathedralen nennt man ihn, ein Bauwerk von Weltrang. Er ist das wundervolle Werk ungezählter Generationen. Mit ihm wollte Meister Gerhard ein Stück vom Himmel erschaffen.

Die Arbeit für, an und im Dom ist niemals nur Beruf, sie ist Berufung! Der Dom ist das Werk von Menschen, die alles für ihn geben, sogar ihr Leben. Und so groß und gewaltig er uns auch erscheinen mag, so empfindlich und fragil ist er. Um zu Überleben benötigt er Pflege und Hilfe - die Zuwendung vieler Menschen. Eine ewige Baustelle, sogar eine Baustelle für die Ewigkeit.

Der Dom ist ein magischer Ort, der den Menschen aus seiner Welt entführt, ihn alles Äußere vergessen lässt. Auf irgendeine ganz geheimnisvolle Weise fasziniert er uns, fesselt er uns. Niemals werden wir seinen Zauber so ganz erfassen, aber er wird uns immer berühren - der Kölner Dom!

✣ ✣ ✣

Ewige Pflege: Die Alternative zur Käseglocke ist die mühevolle Dauerkonservierung des Domes. ◈ Endless maintenance: the alternative to hermetically sealing the cathedral in a giant bubble is the arduous job of constant conservation.

Cologne Cathedral: A Building for Eternity

The most Gothic of all Gothic cathedrals is a world-famous building. It is the wonderful achievement of countless generations. By constructing Cologne Cathedral, Master Gerhard wanted to create Heaven on Earth. Working on the cathedral, both inside and outside the structure, is not only a job; it is a vocation! People give everything of themselves to this building, even their lives. And even though it seems so strong, it is really delicate and fragile. In order to survive it requires care and maintenance and the commitment of many people. It is a building which will need eternal conservation, but it will last for eternity.

The cathedral is a magical place which carries visitors off into another world for minutes, or even hours on end and makes them forget about the world outside. It is mystical; it fascinates and enthrals us and this fascination causes many people to devote themselves to the building. We will never be able to fully grasp Cologne Cathedral's magic, but it will always affect us profoundly.

✣ ✣ ✣

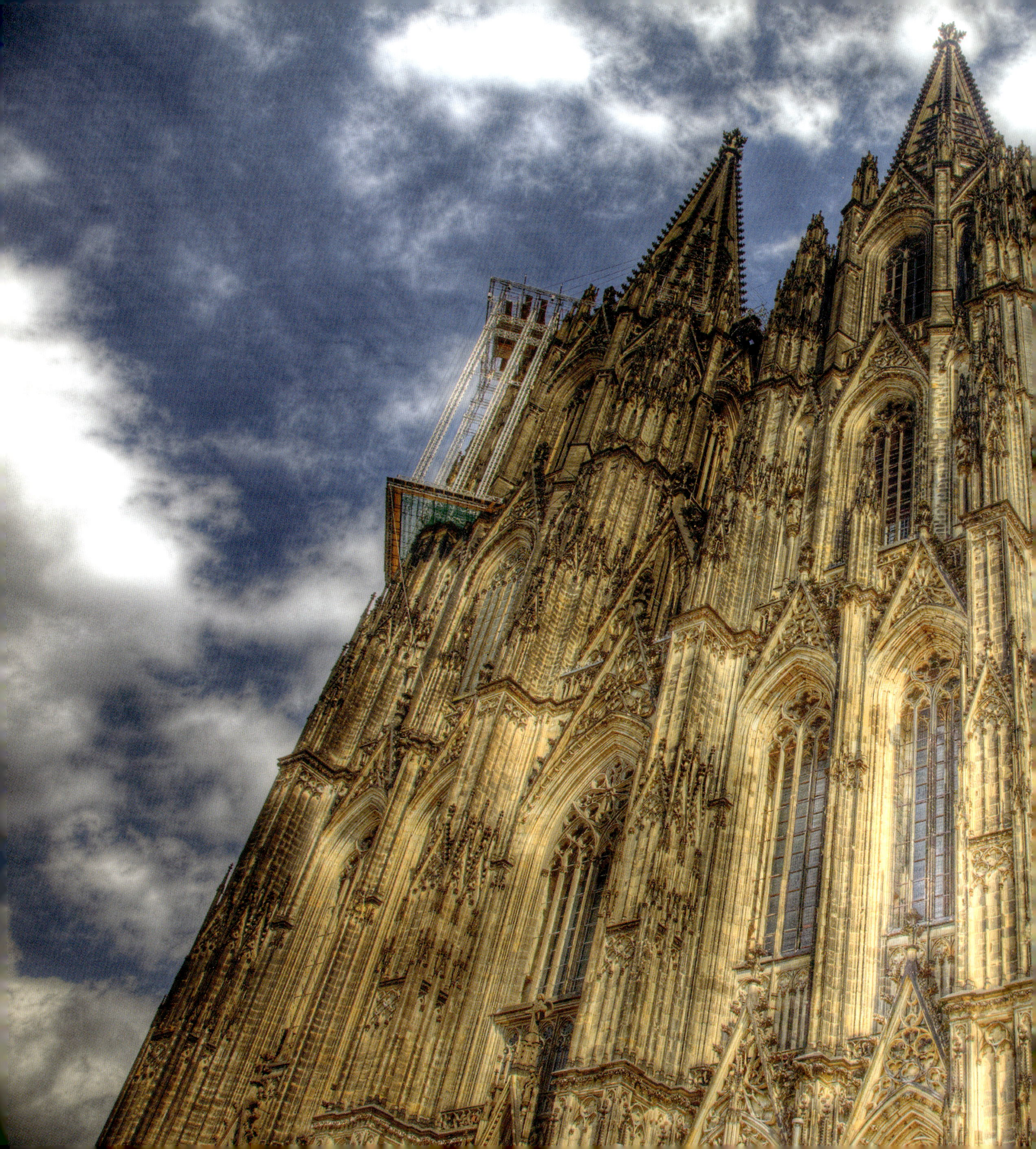

Die mächtige Westfassade mit den Türmen erreicht eine Höhe von 157 m. ❖ The enormous towers of the West facade reach a height of 157 m.

Ein filigranes Gebirge aus Stein und Glas. ◈ An ornate mountain of stone and glass.

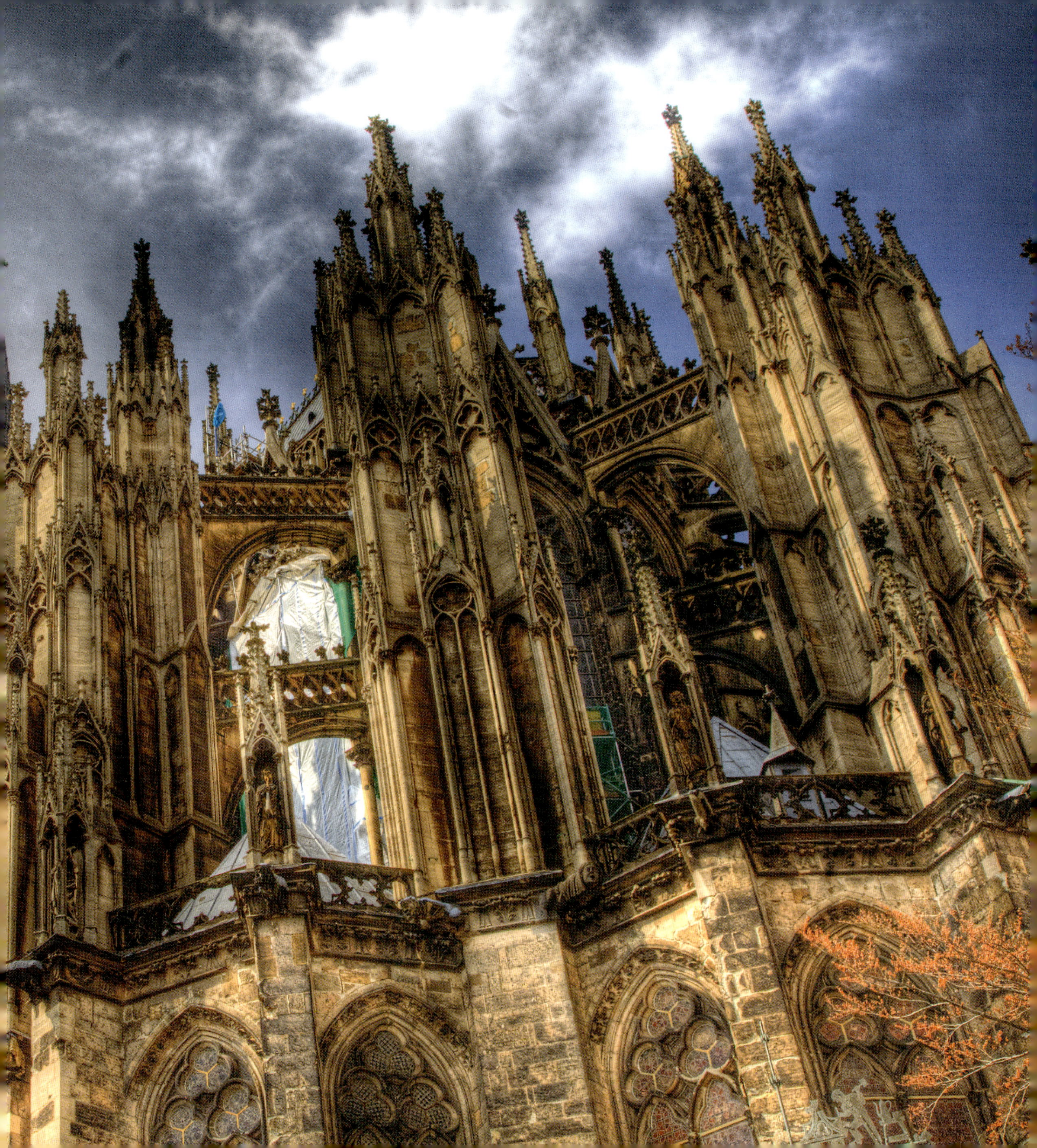

Die Kathedrale im Herzen der modernen Großstadt. ◈ The cathedral is in the heart of the modern city.

Produktion und Herstellung: Feierabend Unique Books
Art Direction: Peter Feierabend
Gesamtgestaltung: Christian Schaarschmidt
Lektorat und Bildredaktion: Karsten Zang
Übersetzung: Lily Eadie
Lektorat englisch: Elmar Scherer

www.dumont-buchverlag.de

ISBN 978-3-8321-9429-1

Erschienen im DuMont Buchverlag

Printed in Slovenia

Fernsehfilm

Autor/Regie: Martin Papirowski
Redaktion: Martin Blachmann
Produktion: Stein Filmproduktion, Hagen

Alle Abbildungen von Roxanna Ardelean, Martin Papirowski und Timm Westen, ausser: *2-3, 4, 7, 8-9, 13, 55* Felix von Canstein; *15, 18, 24, 37, 39, 41, 47, 57, 64, 81, 90-93, Cover, Backcover* Claudio Olivero; *28, 60* Dombauarchiv Köln, Matz und Schenk; *73 links* *Sindy* / Fotolia.com; *73 rechts* Tom Bayer / Fotolia.com; *94-95* engel.ac / Fotolia.com; *75* magicpen / Pixelio